WULIU JINRONG

王晓光 张静 编著

本书获得上海

究与改革实践项目资助

物流金融

中国财经出版传媒集团
经济科学出版社
Economic Science Press

图书在版编目（CIP）数据

物流金融/王晓光，张静编著．—北京：经济科学出版社，2020.8 （2022.1 重印）
ISBN 978－7－5218－1581－8

Ⅰ.①物… Ⅱ.①王… ②张… Ⅲ.①物流-金融业务-研究生-教材 Ⅳ.①F250②F830.9

中国版本图书馆 CIP 数据核字（2020）第 080374 号

责任编辑：王柳松
责任校对：郑淑艳
责任印制：李　鹏　范　艳

物流金融

王晓光　张　静　编著
经济科学出版社出版、发行　新华书店经销
社址：北京市海淀区阜成路甲 28 号　邮编：100142
总编部电话：010-88191217　发行部电话：010-88191522
网址：www. esp. com. cn
电子邮箱：esp@ esp. com. cn
天猫网店：经济科学出版社旗舰店
网址：http：//jjkxcbs. tmall. com
北京季蜂印刷有限公司印装
710×1000　16 开　12. 25 印张　170000 字数
2020 年 8 月第 1 版　2022 年 1 月第 2 次印刷
ISBN 978－7－5218－1581－8　定价：38. 00 元

目　录

第 1 章

物流金融的产生与发展

1.1 物流金融的概念与内涵

随着现代物流业的不断发展，物流企业已经日益走向壮大。如今，现代物流业与信息网络系统、电子商务、供应链管理等一起改变着各国经济运行模式，成为经济全球化与世界经济发展的内在推动力。

快速发展的现代物流业对物流企业的运作提出了更高要求，物流管理已从物的处理提升到物的附加值方案管理。可以为客户提供金融融资的物流供应商，在客户心中的地位会大大提高，物流金融将有助于形成物流企业的竞争优势。物流企业开展物流金融服务，无论是对客户、金融机构还是对物流企业本身都是一个共赢的选择。

1.1.1 物流金融的基本概念

随着经济区域化、国际化、全球一体化发展趋势的形成，贸易成为世界各国和各地区在经济上相互依赖、相互联系最基本的表现形式，而贸易要最终完成，必须依赖于物流。如何将金融服务运用于物流行业、提高物流业的效率已成为当务之急。因此，物流金融也逐渐成为当代商品经济发展的必然趋势和重要特征。

1. 什么是物流

（1）物的概念。物流中物的概念是指，一切可以进行物理性位置移动的物质资料。物流中物的一个重要特点是，其必须可以发生物理性位移，而这一位移的参照系是地球。因此，固定的设施，如建筑设施、土地、农田水利设施等，不是物流所要研究的对象。而如交通运输领域中的货物、商品和物流学中的一切可发生物理性位移的物质实体，即商品中凡具有可运动要素及物质实体要素的，都是物流研究的物。

（2）流的概念。物流学中的流是指，物质资料的物理性运动。物流的流的概念和流通的概念，是既有联系又有区别的。其联系在于，在流通过程中，物的物理性位置移动常伴随交换而发生，这种物的物理性位移是最终实现流通不可缺少的物的转移过程。物流中流的一个重点领域是流通领域，但不能只研究流通领域，而将流与流通混淆起来。流和流通的区别主要有两点：一是涵盖的领域不同，流不但涵盖流通领域，也涵盖生产、生活等领域，凡是有物发生物理性运动的领域，都是流的领域。流通中的流从范畴来看只是全部流的一个局部。二是流通并不以其整体作为流的一部分，而是以其实物物理性运动的局部构成流的一部分。流通领域商业活动中的交易、谈判、契约、分配、结算等商流活动和贯穿于其间的信息流等，都不能纳入物理性运动之中。

（3）物流的概念。物流一词最早形成于美国，当时被称为物理分布（physical distribution，PD），汉语即是实物分配或货物配送。后被引入日本，当时的物流被理解为物资销售的桥梁，即在生产和消费之间对物资履行运输、装卸、包装、加工、保管等功能以及控制这类功能的信息功能。

中国对物流概念的引入是在 20 世纪 80 年代，物流发展为 logistics，不再是先前的 PD 概念了。logistics 是第二次世界大战期间，军队在运输武器、弹药和粮食等给养时使用的一个名词，原意为后勤，是为维持战争需要的一种后勤保障系统。第二次世界大战以后，随着区域贸易、国际贸易的迅猛发展，物流一词被转用于一般民间物资的流通，物流除了考虑从生产者到消费者的货物配送问题外，还要考虑从供应商到生产者对原材料的采购以及生产者本身在产品制造过程中的运输、保管和信息处理等各个方面，全面、综合地提高经济效益和效率的问题。因此，现代物流是以满足消费者的需求为目标，把制造、运输、销售等市场情况综合考虑的一种营运战略措施。这与传统物流仅被看作是后勤保障系统和销售活动中起桥梁作用的概念相比，在深度和广度上又有了进一步拓展。

概括来讲，物流是指，物质资料从供给者到需求者的物理性位移，主要是创造时间价值和场所价值，有时也创造一定加工价值的活动。

2. 物流金融

物流行业是中国服务业中最有发展前景的行业之一，发展空间非常大。同时，资金流在国民经济体系中与物流同量、反方向循环，如果银行从资金融通的角度支持物流，对于支持物流企业融资、控制银行风险以及推动经济增长都具有非常积极的意义。

（1）基本概念。物流金融是指，在物流运营过程中，与物流相关的企业通过金融市场或金融机构，运用金融工具使物流的价值得以增值的融资和结算的服务活动。

这种新型金融服务原本属于金融衍生工具的一种，之所以称为物流金融业务，而不是传统的抵押贷款或者质押融资，是因为在其发展过程中，逐渐改变了传统金融贷款过程中银行、申请贷款企业双方面的责权关系，也完全不同于担保贷款中担保方承担连带赔偿责任的三方关系。它越来越倚重于物流企业，主要表现为物流企业的配套管理和配套服务，形成了银行、物流企业、贷款企业的三方密切合作关系。

（2）物流金融主体。物流金融涉及四个主体：买方、卖方、物流企业和金融机构。

买方是指，商品市场中对某类商品有需求，并愿意通过支付一定的货币获得商品所有权的政府、企事业单位或自然人。通常表现为资金的供给者、商品的需求者。

卖方是指，商品市场中商品所有权的拥有者，愿意通过合理的价格将商品所有权转让给买方。同样，商品卖方既可能是政府、企事业单位，也可能是自然人。卖方通常表现为商品的供给者、资金的需求者。

第三方物流（third-party logistics，TPL，3PL）企业是相对于第一方发货人和第二方收货人而言的。第三方物流企业是指，除货物有关的发货人和收货人之外的专业物流企业，即第三方来承担企业物流活动的一种物流形态。3PL既不属于第一方，也不属于第二方，而是通过与第一方和第二方的合作来提供其专业化的物流服务，它不拥有商品，不参与商品的买卖，而是为客户提供以合同为约束、以联盟为基础的、系列化、个性化、信息化的物流代理服务。最常见的3PL服务包括，设计物流系统、电子数据交换（EDI）能力、报表管理、货物集运、选择承运人、货代人、海关代理、信息管理、仓储、咨询、运费支付、运费谈判等。由于它的服务方式一般是与企业签订一定期限的物流服务合同，所以也称第三方物流为合同契约物流（contract logistics）。

金融机构是指，专门从事货币信用活动的中介组织。中国的金融机构根据功能可划分为四大类：第一类，中央银行，即中国人民银行。第二类，银行，包括政策性银行、商业银行。第三类，非银行金融机构，主要包括信托投资公司、国有及股份制的保险公司、城市信用合作社、证券公司、财务公司等。第四类，在境内开办的外资、侨资、中外合资金融机构。以上各种金融机构相互补充，构成了一个完整的金融机构体系。

物流企业与金融机构联合起来为资金需求方提供融资，促成交易的实现，对于提高商品流通效率和物流管理效率有着非常迫切的现实需要。同时，物流企业借助金融机构给客户提供金融担保服务，可成为一项物流增值服务项目。

（3）物流金融的内容。物流企业的金融衍生服务可以实现在物流过程中的资金支付、结算、信贷、保险的功能，由物流企业衍生的以上金融衍生服务称为物流金融。

物流金融是物流企业在提供物流服务过程中，由物流企业为物流需求方提供的与物流相关的资金支付结算、保险、资金信贷等物流衍生的金融服务，其功能是实现物流与资金流的一体化。物流金融正成为物流企业进行高端竞争的服务创新，并带动银行共同参与新型金融业务。

物流金融还包括银行参与物流业的运营过程，通过针对物流运作，开发和应用各种金融产品，有效地组织和调剂物流领域中货币资金的运动。这些资金运动包括，发生在物流过程中的各种存款、贷款、投资、信托、租赁、抵押、贴现、保险、有价证券发行与交易，以及金融机构所办理的各类涉及物流业的中间业务等。

物流金融服务包括以下类型：物流金融，物流与资金流互动中的增值服务；物流银行，库存商品融资金融服务，物流仓储、抵押融资与物流监管相结合；物流保险，物流风险控制与物流业保险服务。

1.1.2　物流与金融的关系

1. 物流与金融的共同点

第一，无论是物流还是金融，都属于经济活动中的流通领域，都属于交换活动。交换作为流通过程，是把生产、分配和消费联系起来的中间环节。其目的都是提高经济效益、获得利润、发展经济。资源的区位优势导致了物流必然产生，而同一地区或者不同地区之间货币资金的清算促成了银行业的诞生。商品流和资金流在整个社会商品经济交换中，扮演着十分重要的角色。

第二，在物流与金融中，价值规律都起着调节作用。不仅如此，二者都受商品流通领域、货币流通领域固有的其他规律，如自愿让渡规律、供求规律、竞争规律和利润规律的制约。

第三，物流与金融同时具有服务特性。从产业划分，二者都属于第三产业，即服务业。金融是为了解决社会资金融通问题而产生的，尤其是为了解决贸易领域、投资领域和消费领域的资金融通问题而产生的。16 世纪末至 17 世纪初，随着贸易的迅猛发展，荷兰的经济血脉开始变得拥堵。当大量金银货币以空前的速度进入流通环节时，建立银行成了荷兰人解决问题的手段。阿姆斯特丹银行成立于 1609 年，大约比英国银行早 100 年，它是一个城市银行、财政银行和兑换银行，吸收存款，发放贷款。当时，荷兰所有达到一定数量的支付款都要经过银行，因此，阿姆斯特丹银行对于荷兰的经济稳定起了重要作用。更重要的是，阿姆斯特丹银行发明了现代意义上的信用，那时称为“想象中的货币”。同属于服务行业的物流业和金融业在贸易中的作用相辅相成，从商品的物理性位移到商品交换后货币的流通，物流和金融的结合使物流和贸易的效率提高。

第四，运动结果一样。物流和金融的流动结果，都导致了资源的最佳配置。

2. 物流与金融的不同点

第一，两者的流向恰好相反。在贸易方面，资金的供给方和货物的需求方通常是同一人，反之，资金的需求方和货物的供给方通常也是同一人，物流环节作为贸易的动态表现，物流与金融在这个过程中的流向恰好相反。

第二，两者流动的形态不同。物流以商品形态存在，资源在以物流的形式进行配置时，是以具体的实物形态运动的，并且，物流的参与工具是各类具体的运输工具，如飞机、货轮、叉车及传送带等。而金融参与流通的形态则是以一般等价物的货币形态存在的，其流通方式则是平常我们直接接触的信用载体，如各国货币、支票、本票、银行汇票及商业汇票、信用证等结算工具（或称信用工具）。

1.2　物流金融产生的背景与动因

物流金融是物流与金融相结合的产品，其不仅能提高物流企业的服务能力和经营利润，而且可以协助企业拓展融资渠道、降低融资成本、提高资本的使用效率。物流金融服务是物流服务的一次革命，其产生的背景和动因有以下几方面。

1.2.1　中小企业的发展需求

1. 中小企业在供应链中的作用

（1）中小企业的灵活性和创新性是不可替代的。任何大型企业都是从中小企业发展、壮大起来的，而大型企业又会逐渐被新兴的中小企业所替代。中小企业存在的意义体现在以下几点：首先，为某一产业链不断输送新鲜血液，使我国的经济产业能持续保持创新动力。其次，中小企业整体上的竞争能力虽然不如大型企业，但部分中小企业有优势产品，在某一领域能够处于优势地位。在整个产业链中，大型企业和中小企业可根据不同优势，优化分工，精诚合作，扩大产业链效益，以实现最大的社会效益。最后，中小企业作为国民经济不可或缺的重要组成部分，在创造就业岗位、提高市场效率、开展科技创新等方面也发挥了重要作用。

（2）供应链竞争需要中小企业的参与。21 世纪经济竞争的形式，不再局限于企业和企业之间的竞争，已经扩展到供应链与供应链之间的竞争。那些具有独特优势的中小型企业，将成为大型企业追逐的对象。供应链的竞争，必须要提升中小企业的竞争力，而中小企业竞争力的提升又必须解决当前的融资难题。中小企业要在弱肉强食、劣者出局的动态稳定的供应链中树立比较竞争优势，稳固自身在供应链中既有的成员地位并不断强化进而把握主动，必须将解决融资困难作为前提。

2. 中小企业的融资困境

据调查资料显示，中国中小企业长期以来保持健康、快速发展，已成为中国国民经济保持平稳发展的重要基础及构建和谐社会的重要力量。随着我国经济进入转型时期，市场竞争的日益激烈以及中小企业数量的不断增加，融资困境成为我国中小企业的常态，也是阻碍其发展最为重要的原因。尤其是民营中小企业主要靠自有资金完成初始资本积累，大多数企业只能通过内部资金完成对外投资及偿还债务，难以获得流动资金和技术改造、基本建设所需的资金。企业规模扩大后，内部资金无法满足发展需求，只能依靠外部资金。中小企业融资难的问题影响和制约着其进一步发展，而造成中小企业贷款融资难的原因主要有以下五点。

（1）缺乏政策的扶持。一段时期以来，国家的扶持政策一直倾向于大企业，而扶持中小企业的力度不够，这是造成我国中小企业融资难的历史原因。虽然我国央行出台了一系列针对中小企业的融资支持政策，但长期来看，仅靠增加贷款很难从根本上解决中小企业的融资难题。

（2）缺乏专门服务于中小企业的金融机构。很多发达国家针对中小企业的金融支持都设立了专门的金融管理机构，但是目前我国的中小企业分属于各级政府及其主管部门，当前的金融体系尚没有成立针对中小企业的金融机构，从而导致针对中小企业的融资服务供给不足。

（3）中小企业经营稳定性差。中小企业规模小、经营稳定性差，易受经济环境、税收政策、行业变化等的影响。对于以营利和稳健为经营目的的银行来说，不愿意承受较大的风险贷款给中小企业，这在一定程度上堵塞了中小企业的融资通道。

（4）中小企业可供抵押的资产不足。金融机构在向中小企业提供贷款时，虽然难以获得贷款决策所需的信息，但可以从企业所提供的抵押品或者第三方担保中获得关于企业未来偿还能力的信息和保证，从而做出贷款决策，并且抵押有助于解决逆向选择问题。但由于中小企业规模小，缺乏可供担保的固定资产，所能用于抵押的资产相对匮乏，因此，商业银行不愿意对中小企业放贷，这加大了中小企业的融资难度。

（5）中小企业信用等级较低。中小企业的经营素质普遍不高，企业的技术创新能力较弱，缺乏竞争力，市场风险高。中小企业大多为私营企业或合伙企业，管理水平落后，经营风险大，财务制度不健全，信用观念差，信息不透明。部分中小企业利用虚置债务主体、假借破产之名、低估资产、逃避监督等各种方式逃、废、赖银行债务。这些行为进一步加大了银行贷款的风险，也相应地降低了银行向中小企业增加贷款投放量的信心。

1.2.2　物流企业服务创新需求

中国物流企业提供的服务同质化越来越严重，靠低价来吸引客户，导致物流企业的利润越来越薄，使得企业缺乏可持续发展的能力。所以，物流企业纷纷拓展服务内容，如物流咨询、物流规划、物流金融等增值服务，通过增值服务带动传统业务，如仓储、运输、配送业务量的提升。

1. 业务创新和利润增长点的需要

物流企业通过与银行和核心企业合作，在提供运输、仓储和配送等物流服务的同时，也为银行和中小企业提供监管和信用担保等附加服务，在扩大自身业务服务范围的同时通过收取监管费和担保费等，找到新的利润增长点。此外，金融业与物流业的结合，强大了物流企业的资金实力。

2. 为中小企业融资问题和银行业务创新提供便利

中小企业通过核心企业和物流企业作为担保，避免了企业信用机制、管理水平、企业能力等方面带来的融资难问题；银行给中小企业作担保，避免中小企业资金监管、资金安全和营运能力等风险问题，在解决中小企业融资问题的同时，对银行自身的业务创新拓展了空间。物流企业的物流金融服务可以帮助中小企业建立信用机制，也可以帮助银行实现业务扩展，使其成为物流金融服务的关键一方。

1.2.3 银行等传统金融机构的发展需求

中国金融体系对民营资本、外资银行的门槛越来越低，金融服务产品的品种也越来越丰富，这对传统银行等金融机构的冲击非常大，传统银行过去简单靠“存贷差”过日子的美好时光将一去不返。面对激烈的竞争环境，银行等传统金融机构也需要靠金融服务的创新拓展客户源，创造新的利润增长点，而数量庞大的中小企业就成为其追逐的主要目标客户源。前面分析到，由于信用、规模和抵押物等问题，中小企业很难直接从银行贷款融资。所以，以供应链中核心企业或物流企业为担保，以中小企业将要采购的或生产出的或准备销售的原材料或货物作为质押物进行质押融资的方式逐步普及。

银行的主营业务是金融服务，银行和中小企业对接不紧密，导致信息不对称，不能对中小企业财务以外的其他行为做出有效的评价。同时，银行也缺乏对中小企业质押物的市场分析能力和预测评价能力。所以，专门负责中小企业质押物流通作业的物流企业有必要参与进来，发挥自身优势，由各方联合为供应链中的中小企业提供融资服务。

1.2.4　供应链“共赢”目标实现的要求

现代物流金融业务是由商业银行、物流企业和融资企业三方共同参与的过程，是一个“三赢”的过程，这也是物流金融业务发展的最直接的动力。现代物流是多产业、多领域和多种技术的有机融合体，而供应链又是由许多的节点组成的，其运作需要物流企业在其上游企业和下游企业中寻找服务对象，通过与它们建立战略合作伙伴关系，实现优势互补，提高整体竞争力。物流业务水平较低的一个重要原因是，没有推进物流、商流、资金流和信息流的一体化。企业大量的库存意味着流动资金被占用，资金运作效率降低，可能影响企业其他交易活动。因而，供应链中的企业想尽办法降低库存。然而，企业所采用的方法往往是让其上游企业或下游企业来承担库存，对于整个供应链来说库存并未减少，只是发生了转移。大量的资金搁置在供应链的各个环节中，这既影响了供应链的顺利运转，又导致了物流运作资金成本的提高。物流金融就是将供应链的核心企业和上下游企业、银行及物流企业联系在一起，跳出单个企业的传统局限，利用金融工具盘活这部分资金，对于供应链上其他企业、银行和物流企业来说均能受益。

1. 商业银行业务创新和利润增长点

对商业银行而言，可以扩大和稳固客户群，树立竞争优势，开辟新的利润来源渠道，也有利于吸收由此业务引发的派生存款，可以渗透到企业的资金链为企业提供全方位的金融服务，也扩大了商业银行的业务范围。物流金融业务为商业银行完善结算支付工具、提高中间业务的收入创造了机会，商业银行在发展该业务的同时，也开发了新的客户群，培育了潜在的优质客户。另外，在商业银行质押贷款业务中，物流企业作为第三方，可以提供库存商品的信息和物资监管，降低了信息不对称所带来的风险，并且帮助质押贷款双方很好地解决了质押物价值的评估、拍卖等难题，降低了质押物评估过程中产生的高昂费用。

2. 为物流企业和银行业务创新提供便利

对于物流企业来说，通过与银行合作，创造了一个跨行业、相互交叉发展的新业务领域，为同质化经营向差异化经营的转变提供了可能。物流企业通过物流金融业务深入金融业，提高了自身的盈利水平；结识了新客户，拓展了新市场，延伸了服务链，拓展了服务内容。商业银行为物流企业提供质押融资业务，一方面，增加了物流企业的高附加值产品，提升了物流企业的综合价值，吸引了众多客户；另一方面，物流企业作为银行和客户都信任的第三方，能够更好地融入客户的商品产销供应链中去，加强了物流企业与银行的协作关系。

3. 为解决中小企业融资问题提供途径

对于融资企业而言，物流企业以其专业的物流知识和丰富的实际操作经验，帮助融资企业策划物流方案并运作物流项目，提供海陆空多式联运、仓储搬运、装卸配送、集装箱运输等各种物流服务，物流公司全方位负责企业的供应、生产、销售及物流，为其打造供应链一体化流程的业务，有效地降低企业的物流成本，发掘企业的利润源，使企业专注于核心业务，提高核心竞争力。

1.3　物流金融在国内外发展状况

1.3.1　物流金融源起

1. 国外物流金融的产生

物流和金融的最早融合，可追溯到公元前 2400 年美索布达米亚的“谷物仓单”。作为物流金融中的基础性产品，仓单质押在几个世纪以前的西方国家金融业就已经很常见了。出现流动性问题的供应商，往往以应收账款出让给金融机构或其他第三方，但这种保理常常是趁火打劫式的。同样，在《统一商法典》出台之前的 19 世纪，美国就出现了存货融资市场。

随着银行、期货等行业的发展，在 1905 年的俄国，出现了以“谷物抵押”贷款为代表的货物质押贷款业务。1916 年，美国政府颁布了《仓储法案》，并以此为基础建立起一整套为家庭式农场融资的“仓单质押”系统规则，明确了仓单标准，建立了社会化的仓单系统，带来了以农产品为代表的各类仓单的广泛签发和流通，加强了存货的流通性，促成了业务的进一步发展。

现代意义上的供应链金融概念，发端于 20 世纪 80 年代，深层原因在于，世界级企业巨头寻求成本最小化冲动下的全球性采购和业务外包，供应链管理的概念应运而生。此后，随着供应链管理越来越受到重视，供应链中物流、信息流的融合在很大程度上得到发展。随着越来越多中小企业的加入，供应链趋于复杂，离岸外包活动导致的供应链整体融资成本问题，以及部分节点资金流“瓶颈”带来的“木桶短板”效应，实际上部分抵消了生产的“成本洼地”配置带来的最终成本节约，资金流的管理被提上日程。财务供应链管理的价值发现过程逐渐深化，供应链金融的概念开始浮出水面。

经过多年的不断实践，国外在供应链金融方面已经形成了较为成熟的体系，运作模式不断创新，业务蓬勃发展。国外供应链金融的发展主要体现在两方面。一方面，是金融融入供应链，银行占主导地位，它们通过自身在供应链资金流管理上的专业优势，帮助供应链协调物流、资金流、信息流的管理，以提高供应链的效益和竞争力为目标。金融供应链不仅帮助供应链解决了资金流、物料流中供应和需求不匹配的风险，还强调应用电子支付的手段以降低供应链中资金流的运作成本，同时帮助供应链解决信用风险、汇率风险。另一方面，是物流金融的发展，主要是指物流企业通过下属的金融公司和专业物流公司共同合作，为供应链提供物流和金融集成式的物流金融服务。

2. 国内物流金融的产生

国内物流金融业务出现的历史，以存货抵押贷款为例，按照相关资料，最早可以追溯到20世纪20年代的上海银行。

20世纪90年代末，物流金融业务在国内逐步兴起，最初是一些外资银行与国际知名物流公司在中国的分支机构合作，为跨国公司及部分中资企业提供仓单融资业务。例如，汇丰银行、花旗银行、渣打银行等都将战略瞄向中国供应链融资市场。

2000年以后，部分中资银行试探性介入，融资产品也从单一仓储融资逐渐发展到商品贸易融资。但总体而言，业务仍处于零散状态，未得到广泛关注。2005年以来，物流金融业务一改以往小心摸索的局面，出现了快速发展期，国内大多数商业银行开始涉足物流金融业务。

时至今日，包括四大行在内的大部分商业银行都推出了具有各自特色的物流供应链金融服务，如平安银行的供应链金融、招商银行的电子供应链金融、华夏银行的“融资共赢链”、上海浦发银行的浦发创富、中国银行推出“融易达”、光大银行推出

“金色链融资”等。

物流金融是一种横跨物流和金融两个领域的交叉业务。由于经营范围的限制，在我国还无法出现像美国联邦快递（UPS）这样的一体化的物流金融服务，金融机构尚未主要通过与物流公司合作开拓物流金融业务。

1.3.2　物流金融的发展

物流金融的发展起源于物资融资业务。物流和金融的结合，可以追溯到公元前 2400 年，在美索不达米亚地区就出现了谷物仓单。而英国最早出现的流通纸币，就是可兑付的银矿仓单。

1. 发达国家的业务

国际上最全面的物流金融规范体系，以美国为例，其物流金融的主要业务模式是面向农产品的仓单质押。仓单既可以作为向银行贷款的抵押，也可以在贸易中作为支付手段进行流通。美国的物流金融体系是以政府为基础的。早在 1916 年，美国就颁布了《美国仓库存储法案》（*US Warehousing Act of* 1916），并以此建立了一整套关于仓单质押的系统规则。这一体系的诞生，不仅成为家庭式农场融资的主要手段之一，同时也提高了农业营销系统的效率，降低了运作成本。

2. 发展中国家的服务

相对于发达国家，发展中国家的物流金融业务开始得较晚，业务制度也不够完善。非洲贸易的自由化，很早就吸引了众多外国企业作为审查公司进入当地。这些公司以银行、借款人和质押经理为主体，设立三方质押管理协议（CMA），审查公司往往作为仓储运营商兼任质押经理的职位。通过该协议，存货人即借款人在银行方面获得一定信用而得到融资机会。此类仓单直接开具给提供资金的银行而非借款人，并且这种仓单不能流通转移。

在非洲各国中较为成功的是赞比亚的物流金融体系。赞比亚没有采用北美洲以政府为基础的体系模式，而是在自然资源协会（Natural Resource Institute）的帮助下，创立了与政府保持一定距离、不受政府监管的自营机构——赞比亚农业产品代理公司（the Zambian Agricultural Commodity Agency Ltd.）。该公司参照发达国家的监管体系担负物流金融系统的开发和管理，同时避免了政府的过多干预，从而更能适应非洲国家的政治经济环境。

3. 中国物流金融发展

物流金融服务伴随着现代物流企业而生，在物流金融服务中，现代物流企业业务更加复杂，除了要提供现代物流服务外，还要与金融机构合作，一起提供金融服务。国内学者最初关于物流金融领域的研究，主要是对物流银行、融通仓等方面的探讨，这些研究主要是基于传统物流金融服务展开的，未能从供应链物流发展的角度探讨相应的金融服务问题。

复习思考题

1. 物流与金融的关系。
2. 物流金融产生的原因。
3. 物流金融的源起。

第 2 章

物流金融的职能与分类

2.1 物流金融的特点

21 世纪，积极利用国际、国内经济形势的有利变化，主动抓住机遇并战胜挑战，这对于中国的许多物流企业乃至整个物流业的生存发展都是至关重要的。

2.1.1 服务性

无论是世界上最大的船运公司马士基（Maersk），还是世界上最大的快递物流公司 UPS，其第一位的利润来源都已经是物流金融服务。这些跨国公司依托良好的信誉和强大的金融实力，结合自身对物流过程中货物的实际监控，在为发货方和货主提供物流服务的同时，也提供金融性的服务。如开具信用证、仓单质押、票据担保、结算融资等。不仅吸引了更多客户，并且在物流金融活动中还创造了可观的利润。

2.1.2 增值性

当前，国际竞争日益加剧，如何才能在微利时代节约成本，实现利润最大化？这个问题无论是对企业的生存发展还是国家的繁荣昌盛，都具有非常大的现实意义。随着经济全球化的发展，物流也席卷全球。物流已从原先的常规物流和物流概念的传播阶段，向倡导高附加值现代物流服务的阶段发展。因此，物流与金融的结合，将为物流企业和金融企业带来双赢和增值。

例如，对于具有成熟销售网络和物流配运系统的大型制造企业，其经销商遍布全国。物流金融标准化、规范化、信息化的服务优势，能给予企业经销商融资和资金结算业务支持，有效地促进企业销售，拓展市场份额。

对于中型制造（商贸）企业，其业务正处于高速发展阶段，销售网络和物流配运系统尚未成熟，可以借助物流金融业务帮助企业迅速建立销售网络、配送网络，提供集融资支持、资金结算、物流配送、仓储监管为一体的综合金融服务解决方案，使其迅速扩展全国经销网络。

对于小型商贸企业，其资产规模小，急需资金扩大销售，物流金融业务可以增加企业的流动资金，降低其营运成本，提高效率，扩大销售，提升竞争力。

对于批发商来说，都希望扩大销售、降低仓储资金占用，物流金融业务可以为它们解决库存资金占压问题，扩大销售。

2.1.3 时代导向性

在美国，由于服务费高涨，产品的制造成本已不足总成本的10%，而物流成本却占商品价值的30%～50%。随着新经济和电子商务时代到来，现代物流正在进行一种从商场购物到网上购物、从门店取货到送货上门的变革。面对这一变革，企业可以通过物流金融实现。

1. 信息化

所有质押品监管，都借助于物流公司的物流信息管理系统进行，从银行总行到分行、支行的有关该业务的管理人员，都可以随时通过互联网登录物流公司的物流信息管理系统，检查质押品的品种、数量和价值。

2. 远程化

借助于物流公司覆盖全国的服务网络和银行系统的全国资金清算网络，使得动产质押业务既可以在银行所设机构地区开展，也可以在全国各地开展异地业务，并能保证资金快捷汇划和物流及时运送。

2.1.4　广泛性

物流金融的广泛性具体体现在：第一，服务区域具有广泛性，既可以在金融服务设机构的地区，也可以在超出金融服务设机构的地区开展业务；凡有银行网点的区域和物流公司服务区域，都可以办理业务。第二，物流金融所涉物流品种具有广泛性，可以包括物流公司能够看管的所有物流品种，包括各类工业品和生活品等。第三，物流金融服务客户对象具有广泛性，既可以是制造业企业，也可以是流通业企业；既可以是国有企业，也可以是民营企业或股份制企业；既可以是大型企业、中型企业，也可以是小型企业。只要这些企业具有符合条件的物流产品，都可以开展该项业务。对于缺乏流动资金的厂商，物流金融业务可以增加厂商流动资金；对于不缺乏流动资金的厂商，物流金融业务也可以增加其经销商的流动资金；亦可二者有机结合，促进企业销售，增加利润。

2.2　物流金融的职能

2.2.1　物流融资职能

物流融资职能体现在整个物流工作流程中，包括采购、生产、加工、仓储、运输、装卸、配送直至到达需求方手中。由于物流业务地理范围广阔，需要巨大的基础设施投资，单个企业难以形成规模经济，必然需要银行、资本市场、政府财政的大量资金支持。

研究高速发展的物流产业，总结物流融资运作的规律，也有利于金融业提高经营绩效以及物流业的稳健发展。物流融资业务主要包括以下几种：商业银行贷款融资，这是物流企业最主要的融资方式；证券市场融资，物流企业可以争取公司股票的发行或公司债券的发行，也可以通过参股、控股上市公司方式实现融资；开拓实物型、技术型融资业务，实物型租赁和技术参股，特别是与物流经营相关的大型耐用设备租赁和关键技术合作，是物流企业可以优先考虑的项目；票据性融资收益，商业票据的贴现可以使物流企业获得必要的资金来源。另外，商业贷款以外的其他金融授信业务，如银行承兑汇票、支票、信用证、保函等，也是适合现代物流企业发展的融资业务；物流发展基金和物流风险基金，可以是已经上市的、面向公众筹资的投资基金，也可以是未上市的投资基金，其资金来源主要由财政补贴和企业的多元化投资组成；争取境外资金和政府财政的战略投资，亦为可取之策。

2.2.2 物流结算职能

为物流业服务的金融机构面临大量的结算和支付等中间业务。为了实现 BtoB、BtoC 的流程，诞生了现代物流，物流的发展方向就是满足不同批量、不同规格、不同地区业务的需求。随着物流业的顾客拓展到全国范围乃至世界范围，金融服务也随之延伸到全国范围和世界范围。如果没有金融结算及资金划转等服务措施的配套，物流企业的成本无法降低，中小物流企业就会对现代物流服务望而却步，大型物流企业会对订单较小、运送距离较远、服务要求较多的产品失去兴趣，物流的灵活性、多样化、个性化的发展优势就会丧失。对于客户而言，如果网上下单不能获得应有的服务，物流的价值将大打折扣。我国现行的结算方式主要有支票、汇兑、委托收款、托收承付、银行汇票、商业汇票、银行本票和信用卡八种代表性的结算工具，另外还有多种结算服务可供选择，如信用证、国际保理等。每一种方式都有自身的特点：银行承兑汇票由于有银行作为付款人，付款保证强，具有融资功能，但同时票据的流转环节多，查询难度大；商业承兑汇票是由付款人签发或收款人签发，付款的保证程度视企业的信誉高低而定；本票是由出票银行签发，支票则由出票单位签发，都适合在同城使用；信用卡属于电子支付工具，方便、灵活、快捷，但是该结算方式受银行网络的限制；汇兑是异地结算的主要方式，适用于付款人主动付款；委托收款是收款人委托开户银行收款的结算，同城结算、异地结算都可以使用，属于商业信用，保付性较差；因为现实中经常发生付款争议，所以，托收承付要求购销双方必须签订购销合同；国内信用证通过银行传递，手续严密，具有融资功能，但是手续烦琐，手续费用也比较高。物流企业选择这些方式时，要兼顾安全性、时效性和经济性。

物流企业对异地结算方式的选择：如果是一次性交易，宜采用先收款、后发货或一手钱一手货的方式，如现金、信汇、电汇、自带汇票等方式；经常往来的客户，可先发货后收款，采用汇款、异地托收承付、委托银行收款等方式。

2.2.3　物流保险职能

物流业的责任风险几乎伴随着业务范围的全程：运输过程、装卸搬运过程、仓储过程、流通加工过程、包装过程、配送过程和信息服务过程。物流保险作为物流金融的重要组成部分，提供一个涵盖物流链条各个环节的、完整的保险解决方案，努力帮助物流公司防范风险。

针对这个具有巨大潜力的市场，保险公司应整合相关险种，为物流企业量身设计各种新的保险组合品，如物流综合责任保险，使保险对象可以扩大到物流产业任何一个环节。如物流公司、货运代理公司、运输公司、承运人、转运场、码头和车站等。

物流公司的责任比传统的运输承运人大得多，服务的内涵和外延远比运输服务要广，并且不同的服务受不同的法律制约。但是，国际、国内都没有关于物流服务的专门法律，因此，物流保险作为针对物流企业定制和设计的金融产品，能极大地简化物流业的复杂环境，为物流业的拓展提供保障。

从狭义角度来说，在实际操作中，物流企业提供较多的是两类物流金融服务：代客结算业务和融通仓业务。代客结算业务又可分为垫付货款和代收货款两种模式。垫付货款是指，企业以市场畅销、价格波动幅度小、处于正常贸易流转状态而且符合要求的产品抵押作为授信条件，运用物流公司的物流信息管理系统，将银行或物流企业的资金流与融资企业的物流进行结合，向公司提供融资、结算等银行服务于一体的银行综合服务业务。代收货款是卖方与物流企业签订《委托配送和委托收款合同》，物流企业为买方送货上门，同时根据合同代收货款，物流企业与卖方每周或者每月结清货款。融通仓业务是一个以质押物资仓储与监管、价值评估、公共仓储、物流配送、拍卖为核心的综合性第三方物流服务平台。融通仓业务不仅为银企间的合作构架新桥梁，也将更好地融入企业供应链体系之中，成为中小企业重要的第三方物流服务提供者。

2.3　物流金融的分类

随着现代金融和现代物流的不断发展，物流金融的形式也越来越多。

2.3.1　按照业务内容分类

按照物流金融业务的内容分类，物流金融可分为物流结算金融、物流授信金融、物流仓单金融，如图 2－1 所示。

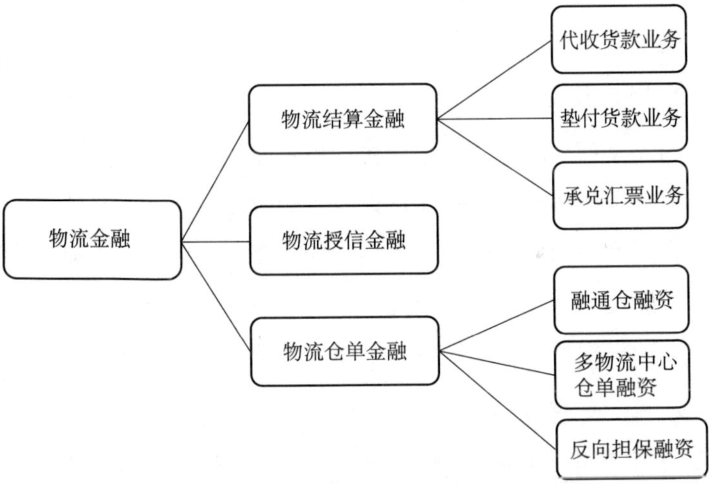

图 2－1　按照物流金融业务的内容分类

1. 物流结算金融

物流结算金融是指，利用各种结算方式为物流企业及其客户融资的金融活动。目前，主要有代收货款业务、垫付货款业务、承兑汇票业务等形式。

（1）代收货款业务是指，物流公司为企业（大多为各类邮购公司、电子商务公司、商贸企业、金融机构等）提供传递实物的同时，帮助供方向买方收取货款，然后将货款转交供方企业并从中收取一定比例的费用。

（2）垫付货款业务是指，当物流公司为发货人承运一批货物时，物流公司先代提货人预付货款；当提货人取货时，则交付给物流公司全部货款。

（3）承兑汇票业务也称保兑仓业务，指承兑银行与经销商（承兑申请人，以下称买方）、供货商（以下称卖方）通过三方合作协议参照保全仓库方式，即在卖方承诺回购的前提下，以贸易中的物权控制包括货物监管、回购担保等作为保证措施而开展的特定票据业务服务模式。保兑仓业务主要适用于知名品牌产品生产厂家（包括其直属销售部门、销售公司）与其下游主要经销商的批量供货所形成的商品交易关系或债权债务关系。

2. 物流授信金融

物流授信金融是指，金融机构根据物流企业的规模、经营业绩、运营现状、资产负债比例以及信用程度，授予物流企业一定的信贷额度，物流企业直接利用这些信贷额度向相关企业提供灵活的质押贷款业务，由物流企业直接监控质押贷款业务的全过程，金融机构则基本上不参与该质押贷款项目的具体运作。

3. 物流仓单金融

（1）融通仓融资。融通仓融资，其基本原理是生产经营企业先以其采购的原材料或产成品作为质押物或反担保品存入融通仓并据此获得协作银行的贷款，然后在其后续生产经营过程中或质押产品销售过程中分阶段还款。物流企业提供质押物品的保管、价值评估、去向监管、信用担保等服务，从而架起银行与企业间资金融通的桥梁。其实质就是将银行不太愿意接受的动产（主要是原材料、产成品）转变成其愿意接受的动产质押产品，以此作为质押担保品或反担保品进行信贷融资。

（2）多物流中心仓单融资。随着现代物流和金融的发展，物流仓单金融也在不断创新，出现了多物流中心仓单模式和反向担保模式等新物流仓单金融模式。多物流中心仓单模式是在仓单模式的基础上，对地理位置的一种拓展：物流企业根据客户不同，整合社会仓库资源甚至是客户自身的仓库，就近进行质押监管，极大地降低了客户的物资滞留成本。

（3）反向担保融资。反向担保融资对质押主体进行了拓展：不是直接以流动资产交付银行做质押物而是由物流企业控制质押物，这样极大地简化了程序，提高了灵活性，降低了交易成本。

2.3.2　按照物流金融的模式分类

1. 物流金融三种基本的融资模式

物流金融业务在现阶段的表现形式有很多，但可按照产品生产经营周期的不同阶段进行划分，物流金融业务模式可以分为三大类。

（1）基于交易关系的预付款融资业务模式，主要发生在采购提交这一运作周期，包括基于推动式交易关系与基于拉动式交易关系两种基本形式。基于推动式交易关系的预付款融资可以依靠物流企业对融资企业产品生产销售前景的准确预测，替融资企业支付给上游供应商相应的预付款，以启动融资企业的采购运作；而基于拉动式交易关系的预付款融资也称为订单融资业务，它需要根据下游厂商的订单或采购合同等替融资企业支付给供应商相应的预付款，以启动融资企业的采购运作。

（2）基于存货的业务模式，即存货/仓单质押融资业务，主要发生在持有周期或制造周期以及销售周期，主要包括存货质押融资及其高级阶段仓单质押融资两种业务形式。由于开展仓单质押融资业务的市场和制度基础环境尚未完全成熟，仓单更多的是作为一种存货凭证，仓单的流通机制尚未形成，此时物流金融业务多以存货质押融资业务为主。

（3）基于应收账款的业务模式，即应收账款融资业务，主要发生在回款周期。一般来说，下游厂商会拖欠上游中小企业的货款，从而形成一段时间的资金缺口，此时物流企业可与银行合作将应收账款作为担保物为融资企业提供融资，直至应收账款从下游厂商处收回以偿还借贷。

这些基本业务形式在现阶段可以围绕存货质押融资业务组合成许多物流金融的创新产品，例如，保兑仓未来提货权质押融资、打包放款、先票/款后货业务、未来货权质押开证、进口全程货权质押授信业务，等等。

在存货/仓单质押融资业务中，尚未形成该企业与客户的销售合同，是基于存货的物流金融业务模式；而在预付账款融资业务和应收账款融资业务中，有该企业与上下游企业或客户的贸易合同，是基于贸易合同的物流金融业务模式。总而言之，物流金融业务模式的内涵，如表 2－1 所示。

表 2－1　　物流金融业务模式的内涵

物流金融业务模式	融资属性	银行风险监督重点	物流企业主要职能	中介机构主要关注点
存货/仓单质押融资	质押融资	质押物	储存和监管质押物	货物的归属权、价格波动情况、货物变现能力
预付账款融资	信用融资	企业信用、经营能力	银行业务代理人	上游企业资信及实力评估、下游融资企业信用评级、货物在途监管风险、融资项目发展前景
应收账款融资	质押与信用融资	质押物与企业信用	储存与运输	贷款企业信用评级、经营能力及偿债能力，债权的合法性；债务方的偿债能力及信用等级

2. 物流金融基本融资模式比较

物流金融的几种主要融资模式都是以相应的质押物进行质押，凭借核心企业的担保从金融机构获取贷款以满足供应链采购环节、生产环节及销售环节的资金周转需求。预付账款融资、存货质押融资及应收账款融资在质押物、融资用途、融资对象等方面都有诸多不同，具体如表 2－2 所示。

表 2－2　　不同物流金融融资模式差异分析

项目	预付账款融资	存货质押融资	应收账款融资
质押物	签约购买的货物	库房存货	应收类债权
融资用途	获得货物采购资金，实现规模采购，解决采购阶段资金占用问题	将流动资产质押换取其他环节的周转资金	提升资金周转能力，质押/转让应收账款获得流动资金
融资对象	下游经销商	任何节点企业	上游供应商

除了上述不同点外，几种不同的预付账款融资模式具有如下相同点。

（1）融资资金用途的特定化及封闭化。通过物流金融业务所获取的资金仅限于在该供应链中的资金周转应用，只能用来解决本供应链中的资金周转问题。

（2）供应链风险评价的整体性。集中融资模式都不再单独根据融资企业的资信状况及经济实力来判定贷款标准，而是将整个供应链作为一个整体来考察融资项目的风险大小，有助于解决中小企业融资难的问题。

（3）质押物及核心担保方的存在。无论物流金融业务的哪种融资模式，融资企业向金融机构申请贷款必须有担保物作为质押，同时供应链上必须有某个实力雄厚的核心企业作为风险担保方，为可能出现的风险情况进行担保。

3. 物流金融模式分类

表 2－2 中三种物流金融融资业务模式构成了物流金融业务创新的三种基本形式。在实践中，很多物流金融服务产品都是依据这三种基本业务模式展开的，或者是对这些基本业务模式的集成应用。在现阶段，存货质押融资模式是我国应用最为广泛的一种业务形式，各阶段的物流金融模式，如图 2－2 所示。

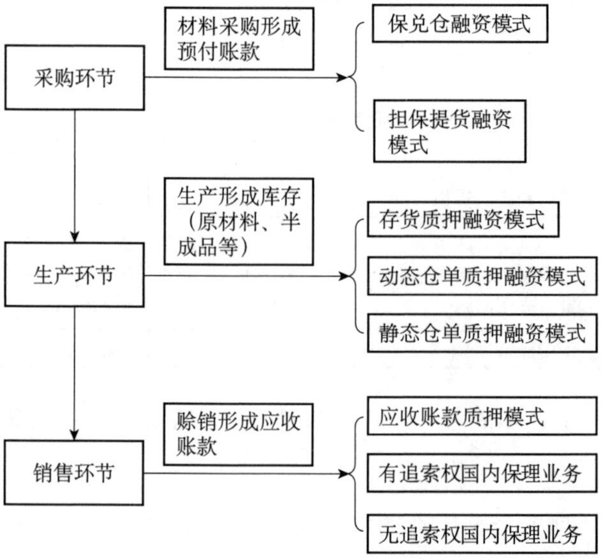

图2－2　各阶段的物流金融模式

（1）保兑仓融资模式是指，由上游供货商根据银行指令直接发货给融资企业并承担未售出货物差额连带清偿责任（回购义务）的业务操作模式。

（2）担保提货融资模式是指，由上游供货商直接发货到银行指定的仓储监管企业或目的地，转化为银行质押物的业务操作模式。

保兑仓模式和担保提货融资模式同属于未来提货权融资业务的两种模式，都是以控制（借款人）向供货商购买的有关商品的未来提货权为手段，银行向购货商提供融资，用于支付供货商货款，由供货商根据约定按银行指令进行发货的业务。

（3）存货质押融资模式，是物流企业参与下的动产质押业务模式。动产质押是指，债务人或者第三人将其动产移交债权人占有，将该动产作为债权的担保。当债务人不履行债务时，债权人有权依照规定以该动产折价或者以拍卖、变卖该动产的价款优先受偿。存货质押融资业务的实质是，借方企业将其拥有的动产作为担保，向资金提供方（如银行）出质，同时，将质物转交给具有合法保管动产资格的物流企业（中介方）进行保管，以获得贷款的业务活动。

（4）动态仓单质押融资模式。即银行确定质物种类、数量、价值的最低要求，并办理质押融资，超出的部分客户可自由存入或提取。在这种方式下，要确保质物价值始终不低于银行确定额度。

（5）静态仓单质押融资模式，即客户将存货交给银行认可的监管企业，监管企业向银行出具质押专用仓单或质押清单，银行据此提供融资。在这种方式下，未经银行同意，客户不能提取货物或置换货物。

（6）应收账款质押模式是指，以应收账款为标的的权利质押。应收账款是指，权利人因提供一定的货物、服务或设施而获得的要求义务人付款的权利，包括现有的和未来的金钱债权及其产生的收益，但不包括因票据或其他有价证券而产生的付款请求权。

（7）有追索权国内保理业务是指，卖方将符合银行或保理商规定且经银行或保理商认可的应收账款债权转让给银行或保理商，如果应收账款债权不能如期、足额回收，将由卖方负责等额回购，银行或保理商拥有对卖方的追索权。具体的服务内容可包括贸易融资、应收账款管理和催收等。

（8）无追索权国内保理业务是指，卖方将符合银行或保理商规定且经银行或保理商认可的应收账款债权转让给银行或保理商，如买方因信用问题而到期不付款时，银行或保理商在保理协议约定的范围内对卖方承担担保付款的责任或免除对卖方的追索权。具体的服务内容可包括贸易融资、坏账担保、应收账款管理和催收等。

在无追索权保理业务项下，根据双方签订的保理协议，银行或保理商只对受核准的应收账款提供贸易融资服务，并且向卖方提供坏账担保的金额不超过实际贸易融资的金额。

复习思考题

1. 物流金融的特点。
2. 物流金融的职能。
3. 物流职能的分类。

第3章

物流金融基础理论

3.1 基本理论依据

3.1.1 委托代理理论

在委托代理关系中，代理人的代理权根据被代理人的委托授权行为而产生，是指行为主体通过制定特定的契约，与其他行为主体合作并使之为其服务，在服务期间可以授予其他主体相应的权利，并根据契约规定为其他主体的服务支付相应的服务报酬。在市场交易中的委托人和代理人之间，掌握信息多的人一般是代理人，而掌握信息较少的一般是委托人。由于信息量的差异，必然会产生信息不对称，双方各自寻求利益最大化，其间必然会产生冲突：通常的情况是，掌握信息较多的强势方（代理人）会依靠自身信息量的优势对掌握信息较少的弱势方（委托人）的利益造成损害。为了保障弱势方的利益，委托代理理论应运而生。科斯在《企业的性质》中阐述了关于委托代理理论的观点：在信息不对称的背景下，可以通过制定契约来合理分摊委托人和代理人之间的风险，从而使得双方利益都得到一定保障。在传统的银行贷款模式中，银行处于委托方的位置，中小企业为代理方，双方往往存在严重的信息不对称和道德风险，这也造成了一些中小企业融资难的问题。开展物流金融后，在原来的贷款模式中加入了物流企业，可以有效地降低银行和中小企业之间的信息不对称程度。物流企业同时作为银行的代理人和中小企业的委托人，由于物流企业是货物的监管方，对于货物的详细情况非常了解，如对于库存货物的基本状况、库存的变动以及市场价格信息等掌握充分并同时有货物或保证金作质押，比银行了解更充分的信息，把这些信息反馈给银行，使得一些中小企业可以更方便地获得贷款。此外，物流企业作为银行的代理人，为银行提供有关客户企业的信息，协助银行共同监管、控制信用风险，可以有效地降低业务的风险，保障业务的顺利开展。物流企业的介入，从整体上减少了信息不对称带来的风险。

3.1.2 交易成本理论

诺贝尔经济学奖获得者 R. H. 科斯（R. H. Coase），1937 年在《企业的性质》中最早提出了交易成本的概念，他对企业的本质进行了解释，并认为交易成本就是完成市场交易而产生的成本。交易成本理论从而成为判断交易制度优劣和选择组织模式的最新标准。作为交易成本理论的集大成者，经济学家奥利弗 · E. 威廉姆森（Olive E. Williamson，1975）根据市场交易活动的内容和交易成本产生来源的不同，将交易成本细分为信息成本、决策成本、议价成本、搜寻成本、违约成本和监督交易成本六大类。1985 年，奥利弗 · E. 威廉姆森根据契约签订的时间将交易成本进一步整理分类，分为事前的交易成本和事后的交易成本两大类，事前的交易成本包括协商、制定、执行合同的成本；事后的交易成本包括生产和运营的成本、合同不能执行产生的成本、因交易双方纠纷产生的成本等。市场交易中交易的不确定性、交易商品的特殊性和交易频率的不稳定性都直接影响交易成本，企业可采取纵向一体化的发展方式，有针对性地降低交易成本。

在开展物流金融业务后，物流企业连接着客户企业和银行，提供中介服务，物流企业可以较方便地掌握供应链中生产者、销售者的各种信息，大大缩短了信息采集的半径，降低了信息不对称，避免逆向选择发生的可能性，节约了信息费用。客户企业的货物处于物流企业的监控中，客户的交易与货物流向也都在物流企业的监管下，这对于银行来说，可以有效地降低监督费用。

3.1.3　供应链管理理论

1. 基本理论

20世纪80年代以来，随着各国经济和科学技术的发展，全球经济一体化进程的日益加快，为应对市场环境变化带来的挑战和压力，企业纷纷采用供应链管理模式替代传统的企业管理模式。目前，对于供应链管理的具体含义还没有统一的定论，不同学者对其表述不尽相同。在我国，供应链管理是指，围绕核心企业，把包括制造商、供应商、经销商在内的供应链中的企业有效组织起来，增强资金流、信息流和物流的融通，加强供应链全部生产经营活动的协调与控制，以便更好地服务客户，最终实现科学管理和价值增值的一种管理过程。随着人们的认识和研究的不断深入，供应链管理理论也实现了由简单到复杂、由抽象到具体的演变。综合来看，供应链管理的发展历程可分为三个阶段。

（1）内部供应链管理阶段。20世纪六七十年代，企业注重以扩大生产规模来降低生产成本，把原材料采购、生产、销售等企业内部行为作为管理重心。因信息缺乏，忽视企业间的交流与合作，此阶段的供应链管理仅仅通过企业内部各不同职能部门间的配合，为企业带来发展动力。

（2）产业供应链管理阶段。在这一阶段，企业意识到企业和企业之间加强合作、增进互信的重要性，供应链管理将有业务往来的企业整合为一个整体，注重企业间资金流、物流和信息流的管理与控制，形成资源高效配置的链式结构。

（3）网状供应链管理阶段。20 世纪 90 年代以来，供应链管理围绕着网链关系“横向”和“纵向”展开，注重核心企业与经销商、经销商的经销商等向后的联系，与供应商、供应商的供应商等向前的联系。供应链内企业通过双向甚至多向密切协作，能够共同应对市场变化带来的风险和挑战，以此提高整条价值链的效率，实现价值增值。

供应链物流管理已经从企业的内部延伸到企业的外部，覆盖面包括供应商、制造商、分销商、最终客户，涉及的领域极其广泛。可见，供应链是物流管理在深度、广度方面的扩展，生产企业、物流企业都很重视供应链，视其为生命线。所以，供应链运作效率和管理效率的提高，对于许多物流企业乃至整个生产企业的生存发展都是至关重要的。

2. 物流金融在供应链管理中的价值体现

中国正在成为世界重要的制造业中心、采购中心，我国国内的供应链联系日趋紧密，与国际上的供应链合作日益加强。在价值导向型管理中，物流供应链管理是降低企业成本、利用金融融资，并能够为股东带来丰厚收益的源泉。因此，提高我国物流企业供应链的竞争力，必须高速度、全方位地推进我国的物流金融活动。

相比于发达国家，我国物流业水平较低，一个深层次的原因是没有推进商品流、实物流、资金流和信息流的一体化。大量的资金搁置在供应链全过程的各个环节中，既影响了供应链的顺利运转，又导致物流运作的资金成本居高不下，更使得物流企业因资金紧张而无法对信息系统、操作系统进行必要的技术改造。而物流金融的结合与发展，为物流业和金融业同时提供了商机。

（1）发展物流金融，促进供应链协调发展。现代物流业是一个以供应链一体化为核心的社会大系统，涉及社会经济生活的多个方面，而物流金融业务的发展，创造了多业相互交叉发展、跨行业运作的新领域，为物流业和金融业走向差异化经营提供了可能。同时，也为创新金融产品、金融手段提供了运作平台，进而通过物流市场推向客户。

物流金融的发展为商业银行完善现代结算支付工具，增加中间业务收入创造了机会。由于物流与金融的结合，产生了许多跨行业的服务产品，相应地也就出现了许多对金融衍生品的需求，如汇兑、银行托收、汇票承兑、贴现、网上支付、信用证等结算工具，这必将增加商业银行的资金结算、资金查询、票据承兑等中间业务，同时物流企业在运营过程中会产生大量稳定的现金流，商业银行可以利用自身特有的创造存款优势，为物流企业提供高效的理财服务，从而获得相关收入。这一切都将增加商业银行的中间业务收入，改善其收入结构。

在发展物流金融的同时，也为商业银行开发了新客户，尤其是培育了优质客户。商业银行作为资金流动的枢纽，在和物流企业建立长期、稳定业务关系的同时，还可以提供延伸服务，拓展与物流企业相联系的上下游优质企业，使得生产企业、物流企业、零售商或最终消费者的资金流在银行体系内部实现良性循环，得到较好的投资收益。

物流金融可发挥商业银行特有的优势为客户服务。物流金融能将商业银行创造存款的能力与及时掌握信息的优势结合起来，在提高物流企业运作效率的同时，提升供应链全过程的资金效率，为企业提供理想的融资方案，形成高效的资金管理机制，实现互利共赢的目的。

（2）发展物流金融，增强供应链竞争能力。商品从生产到消费的整个供应链过程中都存在大量库存，虽然合理的库存可以满足消费者的需求，但在市场竞争日益激烈的今天，供应链上企业纷纷视库存为一大负担。因为大量的库存意味着流动资金被占用，资金运作效率降低，交易成本增加，企业其他交易活动也无法正常进行。所以，供应链上的企业想尽办法降低库存。然而，它们所采用的方法只是让其上游企业或下游企业承担负担，对于整个供应链来说库存并未减少而只是转移。随着物流金融业务的开展，物流企业就能充分利用创新的金融产品和金融工具，盘活这部分资金。对第三方物流企业而言，既壮大了自身的实力，又提高了企业一体化服务的水平和竞争能力；对供应链上其他企业而言，不但降低了企业的融资成本，拓宽了企业的融资渠道，而且降低了企业原材料、半成品和产品的资金占用率，加速了资金周转；同时也降低了采购成本，提高了企业的销售利润；对金融机构而言，可以帮助金融机构扩大贷款规模，降低信贷风险，甚至可以协助金融机构处置部分不良资产；对整个供应链而言，整合了资源，提升了供应链的竞争力。

3.1.4 物流资源整合理论

物流资源是物流企业为客户提供的一切资产、知识积累、人力资源等无形生产要素组合、有形生产要素组合，它包括一切对顾客有价值的生产要素集合。例如，原材料、生产的基础设施、客源、市场，等等。物流资源是整个物流业的物质基础和根本，资源的多少也决定了物流业发展水平的高低。

物流在本质上是一种提升物流资源附加值的活动，它通过整合相应的资源，对内可以进行资源公司化运作，对外可以进行资源专业化运作。整合资源是提高附加值的根本性环节，资源的整合对于整个经营战略有着决定性的作用，只有在资源达到优化配置时，才能更好地对利益进行取舍，才能够达到整体上的最佳效果。而整合资源在本质上是一种依赖现代的技术力量，对分散的社会化资源进行紧密连接的运作体系，是激烈的市场竞争环境下的产物。

要想在激烈的市场环境中取得一席之地，就要根据市场竞争环境的变化趋势，并结合企业自身的情况合理配置资源，将其内部和外部整合成为一个无缝的衔接整体，对局部利益和整体利益进行合理取舍，才能真正提升企业竞争力，在激烈的市场环境中立于不败之地。

依据物流企业战略目标定位的不同，资源整合可分为两个层面进行：一是在战略思维层面上，资源整合是系统论的思维方式，就是要通过组织和协调，将企业内部彼此相关却彼此分离的职能，以及企业外部既参与共同的目标又拥有独立经济利益的合作伙伴整合为一个为客户服务的系统，取得“1 + 1 > 2”的效果。二是在战术选择层面上，其资源整合就是优化资源配置的决策，就是根据企业的发展战略和市场需求对有关资源进行重新配置，以凸显企业的核心竞争力，并寻求资源配置与客户需求的最佳结合点。目的就是要通过组织制度安排和管理运作协调来增强企业的竞争优势，提高客户服务水平。

物流企业的资源整合模式基本上有两种：一种是物流企业内部的资源整合；另一种是物流企业内外资源整合，包括物流企业及其集团内部的资源整合以及物流企业与外部企业的资源整合。开展物流金融是物流企业与银行、生产商、经销商等外部企业的资源整合过程，物流、资金流、信息流在物流金融构建起来的网络结构中得到充分流动和整合，实现社会物流系统总成本最低，物流金融业务已成为不同行业之间的业务。

3.1.5　结构融资理论

1. 结构融资的概念

结构融资自 1970 年产生以来发展迅速，被誉为 20 世纪以来金融市场上最重要、最具生命力的创新之一。结构融资起源于西方工业化国家，最初用于交易金额较大的自然资源和基础工业的大宗商品，如黑色金属、有色金属、铁合金、石油等。还款来源主要依赖于商品出售后的资金，而不是主债务人自身的信誉特征，因此，确保还款资金来源十分重要。而从事这类交易的双方，有些无法或不愿在资本市场上融资，却又希望能够将融资市场化。这就出现了结构融资方式，形成了最初的资金市场。为了满足这一市场需求，给更多的企业、产业创造贸易机会，特别是为了帮助企业向新兴市场销售原材料及资本性物资，工业发达国家逐渐完善了这种结构融资理论体系。结构融资理论的出现适应了新技术产业的发展及其产品的贸易，以及跨国公司内部产品国际调拨的需要。

因此，结构融资是指，企业将拥有未来现金流的特定资产剥离开来，并以该特定资产为标的进行融资。这也可以理解为，以现金资产将企业特定资产从其资产负债表中替换（资产置换），在资产负债率不变的情况下，增加高效资产，其之所以被称为结构融资，主要是因为从财务报表的结构考虑资产的置换。结构融资创造性地运用各种传统的和创新的融资方式，根据项目的具体情况以及项目社会环境的具体要求，量体裁衣，综合各方面力量和方法，将多种融资方式进行设计、组合，使项目的融资得以实现。一般地，运用结构贸易融资主要是根据每宗业务的特征。例如，交货期、建设期、运营期的资金需求和预期收益，根据卖方或买方为了履行该项目合同所需要的融资，为买方或卖方专门设计最适合的融资方案。

2. 结构融资的特点

（1）结构融资具有高度综合性。结构融资包括风险规避、资产证券化、出口信用体系的最新方法、投资银行业务创新等，与传统的信贷工具及结算工具相结合，并整合了各方面力量，对现有融资工具、结算工具进行重新解构、组合，根据具体案例专门设计，为特定的项目提供最佳的解决方案。因此，在结构融资中，参与方较多，往往包括制造商、采购商、供应商、银行乃至进出口商、政府出口信贷代理、保险机构等。

（2）结构融资具有自偿性。结构融资主要不是靠主债务人的信誉，而是靠项目本身的还款来源、未来的现金流量、未来的交易状况来保障其安全性。因此，对未来现金流量的管理及融入资金的良好运用，是结构融资需要重点关注的。项目所产生的未来销售收入（即未来现金流量），必须汇至银行指定的账户。这个账户是受银行监管的，所收入的现金需按一定比例用于偿还融资，剩余资金必须用于项目自身用途，如采购原材料、发放工资、设备维修等。结构融资中须确定有稳定的可实现的未来现金流入，而且未来现金流入是独立的、可被设定用于偿还融资的，在偿还融资前不得用于其他用途。同时，结构融资项下的实物资产或应收账款等权利资产必须抵押或让渡给银行，一旦融资出现任何风险，银行可以从抵押或让渡的资产中求偿。

（3）结构融资具有组合性。结构融资是在锁定未来可实现的现金流入作为还款来源的前提下，把企业的建设、采购、生产、销售以及物流的各个环节进行结构化分割，分阶段、有衔接地采用各种融资产品组合给予授信。结构融资的风险控制方式是将企业的商品经营活动与银行融资产品相结合，而不是简单的资产抵押与资产抵偿。在融资设计中，项目未来的现金流入被限定汇至银行专设的账户，直接用以偿还银行的授信融资。

（4）结构融资为银行和借款人提供更多、更好的选择。由于以项目本身可实现的未来现金流入作为可靠的还款来源，银行可以有效控制融资风险。因此，不像传统信贷要求企业必须具备良好的财务状况和信用条件，在结构融资中，银行可以淡化对企业财务状况等基本面的审查，而以项目本身的特征作为审查依据。只要项目本身具备偿还能力、风险可以控制，银行即可以给予融资授信。相应地，借款人则更容易以结构融资的方式获得贷款。由于风险能够得到有效控制，结构融资的产品设计又能带来可观的结算收益，银行便乐于提供此类型的融资安排，并乐于提供优惠的价格。而对借款人而言，不但可以降低融资成本，还可以得到与项目相匹配的融资期限。

3.2 系统集成理论

通过对物流、资金流、账单流的集成管理，物流和金融集成式服务能提高供应链效率，主要表现为：(1) 应用有效支付转账方式和收款解决方案可以提高运营资金的效率，优化资金流；(2) 对资金流的有效管理可以降低资金成本，提高企业的投资收益；(3) 对账单流和资金流的有效管理，可以促进物流效率。通过物流和金融集成管理，物流与供应链管理能帮助解决金融机构融资的金融风险问题，克服“想贷怕贷”的困境；金融机构多年风险管理的经验和发展的金融衍生产品，可以帮助中小企业降低供应链风险，提高供应链效率。

物流金融产品创新服务是将物流服务、金融服务、中介服务、风险管理服务融于一体，提升客户服务质量、客户经营效率，减少运营资本需求，增加物流服务功能，减少运营操作风险，优化资源使用，协调多方行为，提升供应链整体绩效，增加整个供应链竞争力等。

1. 金融机构

对于银行等金融机构而言，商业银行和其他金融机构为防范金融风险，绝大部分贷款都需要抵押或担保，不动产最适合作为抵押物或担保物；动产则容易被贷款人转移，增加了银行的风险。

因此，国内银行对中小企业的融资服务，需要创新金融服务产品。商业银行给中小企业提供的融资服务平台包括融资、评估、监管、资产处理、支付和现金管理、代开商业票据、银行授信转贷等功能业务。商业银行提供面向中小企业融资服务的产品主要有两种，基于应收账款管理的物流金融产品与基于存货管理的物流金融产品。

2. 第三方物流企业

第三方是独立于第一方发货人和第二方收货人而言的，第三方物流企业既不属于第一方，也不属于第二方，而是通过与第一方或第二方的合作来提供其专业化的物流服务。它不拥有商品，不参与商品的买卖，而是为客户提供以合同为约束、以结盟为基础的、系列化、个性化、信息化的物流代理服务。第三方物流企业的优势和价值表现在成本价值、服务价值、风险规避价值、社会效益四个方面。因此，第三方物流企业提供物流和金融产品服务给供应商，既可以为供应商融资提供服务，又可以通过规模效应和大数定律为银行信贷服务降低系统风险。

3. 融资企业

一般来说，当前适合中小企业选择的融资工具主要有普通贷款、贴息贷款、票据融资、应收账款融资、委托贷款、国际融资转贷款等。其中，应收账款融资方式是指，企业运用应收账款作为质押取得贷款，或者将其出售给银行以获得所需资金，特别适合为大型企业提供配套产品或配套服务的中小企业。其特点表现在两个方面：一是流动资产占总资产的比重较大；二是处于供应链中的弱势地位，上游的供应商和下游的需求方均具有较强的实力，导致中小型企业在正常现金流需求方面存在困难。融资企业对金融服务产品的需求与企业本身现金需求、银行提供贷款的利率以及利用应收账款融资工具产生的效益等方面密切相关。

4. 政府和相关环境

物流金融产品服务还受到税务、海关等政府监管部门的影响，同时也需要具备会计、法律、拍卖、租赁等中介服务机构的良好环境支持。物流金融产品的发展，也会促进中介服务机构的良好发展。

复习思考题

1. 委托代理理论。
2. 供应链管理理论。
3. 结构融资理论。

第4章

物流金融法律环境

由于物流金融具有参与者多、操作流程复杂、各环节之间相互依赖的特点，任何一个环节出现问题，都会影响其他环节，进而阻碍整个供应链的运行甚至引发危机。

通过对物流金融业务模式的分析，可以将业务开展过程划分为三个阶段，即：授信前的物流金融合同准备阶段；授信中的物流金融监管阶段；授信后的物流金融履行还款阶段。在这三个阶段中面临的主要法律风险为物流金融各业务主体之间签订的合同是否有效、物流企业是否如约履行监管责任、借款企业的资金能否归还。因此，为了顺利开展物流金融业务并保持良性发展，必须严格遵守法律规定，在上述三个环节做好风险防范工作。

《中华人民共和国民法典》于2020年5月28日经中华人民共和国第十三届全国人大三次会议通过，将于2021年1月1日起施行。《中华人民共和国民法典》针对物流金融业务开展的三个阶段做出了明确规定。为了防范物流金融业务风险，各业务主体应该明确各自的权力、义务，严格遵守《中华人民共和国民法典》的规定。

4.1 物流金融合同准备阶段

在授信前的物流金融合同准备阶段，物流金融业务主体，即融资企业、金融机构、物流企业相互之间应根据具体的融资模式签订相关合同，不同模式下签订的合同类型略有区别。可能涉及的主要合同分别为买卖合同、借款合同、保理合同、仓储合同、质押合同、抵押合同。以上六种合同在《中华人民共和国民法典》中都有明确规定。

4.1.1 关于买卖合同的规定

买卖合同是物流金融产生的基础。供应商与采购商之间签订的买卖合同，是物流金融业务的起点。《中华人民共和国民法典》第三编第二分编第九章买卖合同中对买卖合同内容、违约行为及责任、买卖双方的权力义务都进行了明确规定。

第五百九十五条 买卖合同是出卖人转移标的物的所有权于买受人，买受人支付价款的合同。

第五百九十六条 买卖合同的内容一般包括标的物的名称、数量、质量、价款、履行期限、履行地点和方式、包装方式、检验标准和方法、结算方式、合同使用的文字及其效力等条款。

第五百九十七条 因出卖人未取得处分权致使标的物所有权不能转移的，买受人可以解除合同并请求出卖人承担违约责任。法律、行政法规禁止或者限制转让的标的物，依照其规定。

第五百九十八条 出卖人应当履行向买受人交付标的物或者交付提取标的物的单证，并转移标的物所有权的义务。

第五百九十九条 出卖人应当按照约定或者交易习惯向买受人交付提取标的物单证以外的有关单证和资料。

4.1.2 关于借款合同的规定

借款合同主要产生于融资者与借款人之间。在我国，主要产生于商业银行与上下游中小企业之间。借款合同是物流金融的核心文件，是维系物流金融各主体的桥梁。《中华人民共和国民法典》第三编第二分编第十二章借款合同对于借款合同有专门规定，对借款人信息披露和按约还款等义务以及对贷款人检查、监督借款的使用情况的权利均有所规定。

第六百六十七条　借款合同是借款人向贷款人借款，到期返还借款并支付利息的合同。

第六百六十八条　借款合同应当采用书面形式，但是自然人之间借款另有约定的除外。借款合同的内容一般包括借款种类、币种、用途、数额、利率、期限和还款方式等条款。

第六百六十九条　订立借款合同，借款人应当按照贷款人的要求提供与借款有关的业务活动和财务状况的真实情况。

第六百七十二条　贷款人按照约定可以检查、监督借款的使用情况。借款人应当按照约定向贷款人定期提供有关财务会计报表或者其他资料。

第六百七十三条　借款人未按照约定的借款用途使用借款的，贷款人可以停止发放借款、提前收回借款或者解除合同。

第六百七十六条　借款人未按照约定的期限返还借款的，应当按照约定或者国家有关规定支付逾期利息。

4.1.3　关于保理合同的规定

保理合同主要用于物流金融保理业务。随着中国经济的高速发展，以及传统结算方式从信用证向赊销的转变，我国物流金融保理业务快速增长。《中华人民共和国民法典》第三编第二分编第十六章保理合同将保理合同列为新增典型合同，扩大了担保合同的范围，并规定了保理合同的内容和形式、明确了虚构应收账款的法律后果及多重保理的清偿顺序，控制了三大风险：虚构应收账款风险、基础交易变更风险、双重融资风险。

第七百六十一条　保理合同是应收账款债权人将现有的或者将有的应收账款转让给保理人，保理人提供资金融通、应收账款管理或者催收、应收账款债务人付款担保等服务的合同。

第七百六十二条 保理合同的内容一般包括业务类型、服务范围、服务期限、基础交易合同情况、应收账款信息、保理融资款或者服务报酬及其支付方式等条款。保理合同应当采用书面形式。

第七百六十三条 应收账款债权人与债务人虚构应收账款作为转让标的，与保理人订立保理合同的，应收账款债务人不得以应收账款不存在为由对抗保理人，但是保理人明知虚构的除外。

第七百六十四条 保理人向应收账款债务人发出应收账款转让通知的，应当表明保理人身份并附有必要凭证。

第七百六十五条 应收账款债务人接到应收账款转让通知后，应收账款债权人与债务人无正当理由协商变更或者终止基础交易合同，对保理人产生不利影响的，对保理人不发生效力。

第七百六十六条 当事人约定有追索权保理的，保理人可以向应收账款债权人主张返还保理融资款本息或者回购应收账款债权，也可以向应收账款债务人主张应收账款债权。保理人向应收账款债务人主张应收账款债权，在扣除保理融资款本息和相关费用后有剩余的，剩余部分应当返还给应收账款债权人。

第七百六十七条 当事人约定无追索权保理的，保理人应当向应收账款债务人主张应收账款债权，保理人取得超过保理融资款本息和相关费用的部分，无需向应收账款债权人返还。

第七百六十八条 应收账款债权人就同一应收账款订立多个保理合同，致使多个保理人主张权利的，已经登记的先于未登记的取得应收账款；均已经登记的，按照登记时间的先后顺序取得应收账款；均未登记的，由最先到达应收账款债务人的转让通知中载明的保理人取得应收账款；既未登记也未通知的，按照保理融资款或者服务报酬的比例取得应收账款。

第七百六十九条 本章没有规定的，适用本编第六章债权转让的有关规定。

4.1.4　关于仓储合同的规定

仓储合同主要运用于以存货作为质物的物流金融业务模式。在《中华人民共和国民法典》第三编第二分编第二十二章仓储合同中规定了仓单是提取仓储物的凭证，同时规定了存货人或者仓单持有人在仓单上背书并经保管人签字或者盖章的，可以转让提取仓储物的权利。以上规定使仓单成为所有权凭证，使存货质押融资业务成为物流金融的主要业务模式。

第九百零四条　仓储合同是保管人储存存货人交付的仓储物，存货人支付仓储费的合同。

第九百零五条　仓储合同自保管人和存货人意思表示一致时成立。

第九百零六条　储存易燃、易爆、有毒、有腐蚀性、有放射性等危险物品或者易变质物品的，存货人应当说明该物品的性质，提供有关资料。存货人违反前款规定的，保管人可以拒收仓储物，也可以采取相应措施以避免损失的发生，因此产生的费用由存货人负担。保管人储存易燃、易爆、有毒、有腐蚀性、有放射性等危险物品的，应当具备相应的保管条件。

第九百零七条　保管人应当按照约定对入库仓储物进行验收。保管人验收时发现入库仓储物与约定不符合的，应当及时通知存货人。保管人验收后，发生仓储物的品种、数量、质量不符合约定的，保管人应当承担赔偿责任。

第九百零八条　存货人交付仓储物的，保管人应当出具仓单、入库单等凭证。

第九百零九条　保管人应当在仓单上签名或者盖章。仓单包括下列事项：

（一）存货人的姓名或者名称和住所；

（二）仓储物的品种、数量、质量、包装及其件数和标记；

（三）仓储物的损耗标准；

（四）储存场所；

（五）储存期限；

（六）仓储费；

（七）仓储物已经办理保险的，其保险金额、期间以及保险人的名称；

（八）填发人、填发地和填发日期。

第九百一十条 仓单是提取仓储物的凭证。存货人或者仓单持有人在仓单上背书并经保管人签名或者盖章的，可以转让提取仓储物的权利。

第九百一十一条 保管人根据存货人或者仓单持有人的要求，应当同意其检查仓储物或者提取样品。

第九百一十二条 保管人发现入库仓储物有变质或者其他损坏的，应当及时通知存货人或者仓单持有人。

第九百一十三条 保管人发现入库仓储物有变质或者其他损坏，危及其他仓储物的安全和正常保管的，应当催告存货人或者仓单持有人作出必要的处置。因情况紧急，保管人可以作出必要的处置；但是，事后应当将该情况及时通知存货人或者仓单持有人。

第九百一十五条 储存期限届满，存货人或者仓单持有人应当凭仓单、入库单等提取仓储物。存货人或者仓单持有人逾期提取的，应当加收仓储费；提前提取的，不减收仓储费。

第九百一十六条 储存期限届满，存货人或者仓单持有人不提取仓储物的，保管人可以催告其在合理期限内提取；逾期不提取的，保管人可以提存仓储物。

第九百一十七条 储存期内，因保管不善造成仓储物毁损、灭失的，保管人应当承担赔偿责任。因仓储物本身的自然性质、包装不符合约定或者超过有效储存期造成仓储物变质、损坏的，保管人不承担赔偿责任。

第九百一十八条 本章没有规定的，适用保管合同的有关规定。

4.1.5 关于质押合同、抵押合同的规定

出质人与贷款人之间应签订质押合同，抵押人与抵押权人之间应签订抵押合同。抵押合同、质押合同和其他具有担保功能的合同，均属于担保合同。《中华人民共和国民法典》第二编第四分编第十八章质权中针对质押合同和抵押合同做了具体规定。

第四百条 设立抵押权，当事人应当采用书面形式订立抵押合同。

抵押合同一般包括下列条款：

（一）被担保债权的种类和数额；

（二）债务人履行债务的期限；

（三）抵押财产的名称、数量等情况；

（四）担保的范围。

第四百二十七条 设立质权，当事人应当采用书面形式订立质押合同。

质押合同一般包括下列条款：

（一）被担保债权的种类和数额；

（二）债务人履行债务的期限；

（三）质押财产的名称、数量等情况；

（四）担保的范围；

（五）质押财产交付的时间、方式。

4.2 物流金融监管阶段

物流金融业务各主体在授信准备阶段签订相关合同之后，就

进入了授信中的监管阶段。在此阶段，借款企业按照约定将货物存放到指定的仓库，物流企业验货确认（银行可以委托物流企业出具质物品种、数量、价值等报告），银行审核后，按照存货价值的一定比例发放贷款资金至借款企业在银行开立的监管账户，此时，物流企业和银行要对质物及资金的安全承担相应责任。对授信中的监管阶段也有相关法律规定。在此阶段，《中华人民共和国民法典》第二编第一分编第一章一般规定、第二章物权的设立、变更、转让和消灭；第二编第四分编第十七章抵押权、第十八章质权分别对动产/权力交付及质权生效、抵押权和质权相关内容作出了明确规定。

4.2.1 关于动产/权力交付及质权生效的规定

第二百零八条 不动产物权的设立、变更、转让和消灭，应当依照法律规定登记。动产物权的设立和转让，应当依照法律规定交付。

第二百二十四条 动产物权的设立和转让，自交付时发生效力，但是法律另有规定的除外。

第二百二十五条 船舶、航空器和机动车等的物权的设立、变更、转让和消灭，未经登记，不得对抗善意第三人。

第二百二十六条 动产物权设立和转让前，权利人已经占有该动产的，物权自民事法律行为生效时发生效力。

第二百二十七条 动产物权设立和转让前，第三人占有该动产的，负有交付义务的人可以通过转让请求第三人返还原物的权利代替交付。

第二百二十八条 动产物权转让时，当事人又约定由出让人继续占有该动产的，物权自该约定生效时发生效力。

第四百零三条 以动产抵押的，抵押权自抵押合同生效时设立；未经登记，不得对抗善意第三人。

第四百二十九条　质权自出质人交付质押财产时设立。

第四百四十一条　以汇票、本票、支票、债券、存款单、仓单、提单出质的，质权自权利凭证交付质权人时设立；没有权利凭证的，质权自办理出质登记时设立。法律另有规定的，依照其规定。

第四百四十三条　以基金份额、股权出质的，质权自办理出质登记时设立。

基金份额、股权出质后，不得转让，但是出质人与质权人协商同意的除外。出质人转让基金份额、股权所得的价款，应当向质权人提前清偿债务或者提存。

第四百四十五条　以应收账款出质的，质权自办理出质登记时设立。

应收账款出质后，不得转让，但是出质人与质权人协商同意的除外。出质人转让应收账款所得的价款，应当向质权人提前清偿债务或者提存。

4.2.2　关于质权存续期间的规定

1. 关于抵押权的规定

第三百九十五条　债务人或者第三人有权处分的下列财产可以抵押：

（一）建筑物和其他土地附着物；

（二）建设用地使用权；

（三）海域使用权；

（四）生产设备、原材料、半成品、产品；

（五）正在建造的建筑物、船舶、航空器；

（六）交通运输工具；

（七）法律、行政法规未禁止抵押的其他财产。

抵押人可以将前款所列财产一并抵押。

第三百九十六条 企业、个体工商户、农业生产经营者可以将现有的以及将有的生产设备、原材料、半成品、产品抵押，债务人不履行到期债务或者发生当事人约定的实现抵押权的情形，债权人有权就抵押财产确定时的动产优先受偿。

第四百零四条 以动产抵押的，不得对抗正常经营活动中已经支付合理价款并取得抵押财产的买受人。

第四百一十九条 抵押权人应当在主债权诉讼时效期间行使抵押权；未行使的，人民法院不予保护。

2. 关于质权的规定

第四百二十五条 为担保债务的履行，债务人或者第三人将其动产出质给债权人占有的，债务人不履行到期债务或者发生当事人约定的实现质权的情形，债权人有权就该动产优先受偿。前款规定的债务人或者第三人为出质人，债权人为质权人，交付的动产为质押财产。

第四百二十六条 法律、行政法规禁止转让的动产不得出质。

第四百三十条 质权人有权收取质押财产的孳息，但是合同另有约定的除外。前款规定的孳息应当先充抵收取孳息的费用。

第四百三十一条 质权人在质权存续期间，未经出质人同意，擅自使用、处分质押财产，造成出质人损害的，应当承担赔偿责任。

第四百三十二条 质权人负有妥善保管质押财产的义务；因保管不善致使质押财产毁损、灭失的，应当承担赔偿责任。

质权人的行为可能使质押财产毁损、灭失的，出质人可以请求质权人将质押财产提存，或者请求提前清偿债务并返还质押财产。

第四百三十三条 因不可归责于质权人的事由可能使质押财产毁损或者价值明显减少，足以危害质权人权利的，质权人有权请求出质人提供相应的担保；出质人不提供的，质权人可以拍卖、变卖质押财产，并与出质人协议将拍卖、变卖所得的价款提前清偿债务或者提存。

第四百三十四条　质权人在质权存续期间，未经出质人同意转质，造成质押财产毁损、灭失的，应当承担赔偿责任。

第四百三十五条　质权人可以放弃质权。债务人以自己的财产出质，质权人放弃该质权的，其他担保人在质权人丧失优先受偿权益的范围内免除担保责任，但是其他担保人承诺仍然提供担保的除外。

第四百四十条　债务人或者第三人有权处分的下列权利可以出质：

（一）汇票、本票、支票；

（二）债券、存款单；

（三）仓单、提单；

（四）可以转让的基金份额、股权；

（五）可以转让的注册商标专用权、专利权、著作权等知识产权中的财产权；

（六）现有的以及将有的应收账款；

（七）法律、行政法规规定可以出质的其他财产权利。

4.3　物流金融履行还款阶段

若借款人如期还款，则解除质押合同和监管合同，物流企业办理货物出库。若贷款未按期偿还，则银行可以通过变卖、拍卖存货以优先受偿。针对以上授信还款环节，为了保证债权的顺利实现，《中华人民共和国民法典》第二编第四分编第十七章抵押权、第十八章质权、第十九章留置权就抵/质押权的实现、抵/质押财产变价后的处理、清偿顺序以及留置权都做出相应的法律规定。

4.3.1 关于不能履约的一般规定

第四百零一条 抵押权人在债务履行期限届满前，与抵押人约定债务人不履行到期债务时抵押财产归债权人所有的，只能依法就抵押财产优先受偿。

第四百一十条 债务人不履行到期债务或者发生当事人约定的实现抵押权的情形，抵押权人可以与抵押人协议以抵押财产折价或者以拍卖、变卖该抵押财产所得的价款优先受偿。协议损害其他债权人利益的，其他债权人可以请求人民法院撤销该协议。抵押权人与抵押人未就抵押权实现方式达成协议的，抵押权人可以请求人民法院拍卖、变卖抵押财产。抵押财产折价或者变卖的，应当参照市场价格。

第四百一十一条 依据本法第三百九十六条规定设定抵押的，抵押财产自下列情形之一发生时确定：

（一）债务履行期限届满，债权未实现；

（二）抵押人被宣告破产或者解散；

（三）当事人约定的实现抵押权的情形；

（四）严重影响债权实现的其他情形。

第四百一十二条 债务人不履行到期债务或者发生当事人约定的实现抵押权的情形，致使抵押财产被人民法院依法扣押的，自扣押之日起，抵押权人有权收取该抵押财产的天然孳息或者法定孳息，但是抵押权人未通知应当清偿法定孳息义务人的除外。前款规定的孳息应当先充抵收取孳息的费用。

第四百一十三条 抵押财产折价或者拍卖、变卖后，其价款超过债权数额的部分归抵押人所有，不足部分由债务人清偿。

第四百一十四条 同一财产向两个以上债权人抵押的，拍卖、变卖抵押财产所得的价款依照下列规定清偿：

（一）抵押权已经登记的，按照登记的时间先后确定清偿顺序；

（二）抵押权已经登记的先于未登记的受偿；

（三）抵押权未登记的，按照债权比例清偿。

其他可以登记的担保物权，清偿顺序参照适用前款规定。

第四百一十五条　同一财产既设立抵押权又设立质权的，拍卖、变卖该财产所得的价款按照登记、交付的时间先后确定清偿顺序。

第四百二十八条　质权人在债务履行期限届满前，与出质人约定债务人不履行到期债务时质押财产归债权人所有的，只能依法就质押财产优先受偿。

第四百三十六条　债务人履行债务或者出质人提前清偿所担保的债权的，质权人应当返还质押财产。债务人不履行到期债务或者发生当事人约定的实现质权的情形，质权人可以与出质人协议以质押财产折价，也可以就拍卖、变卖质押财产所得的价款优先受偿。质押财产折价或者变卖的，应当参照市场价格。

第四百三十七条　出质人可以请求质权人在债务履行期限届满后及时行使质权；质权人不行使的，出质人可以请求人民法院拍卖、变卖质押财产。出质人请求质权人及时行使质权，因质权人怠于行使权利造成出质人损害的，由质权人承担赔偿责任。

第四百三十八条　质押财产折价或者拍卖、变卖后，其价款超过债权数额的部分归出质人所有，不足部分由债务人清偿。

第四百四十二条　汇票、本票、支票、债券、存款单、仓单、提单的兑现日期或者提货日期先于主债权到期的，质权人可以兑现或者提货，并与出质人协议将兑现的价款或者提取的货物提前清偿债务或者提存。

4.3.2　关于留置权的规定

第四百四十七条　债务人不履行到期债务，债权人可以留置已经合法占有的债务人的动产，并有权就该动产优先受偿。前款规定的债权人为留置权人，占有的动产为留置财产。

第四百四十八条 债权人留置的动产，应当与债权属于同一法律关系，但是企业之间留置的除外。

第四百四十九条 法律规定或者当事人约定不得留置的动产，不得留置。

第四百五十条 留置财产为可分物的，留置财产的价值应当相当于债务的金额。

第四百五十一条 留置权人负有妥善保管留置财产的义务；因保管不善致使留置财产毁损、灭失的，应当承担赔偿责任。

第四百五十二条 留置权人有权收取留置财产的孳息。前款规定的孳息应当先充抵收取孳息的费用。

第四百五十三条 留置权人与债务人应当约定留置财产后的债务履行期限；没有约定或者约定不明确的，留置权人应当给债务人六十日以上履行债务的期限，但是鲜活易腐等不易保管的动产除外。债务人逾期未履行的，留置权人可以与债务人协议以留置财产折价，也可以就拍卖、变卖留置财产所得的价款优先受偿。留置财产折价或者变卖的，应当参照市场价格。

第四百五十四条 债务人可以请求留置权人在债务履行期限届满后行使留置权；留置权人不行使的，债务人可以请求人民法院拍卖、变卖留置财产。

第四百五十五条 留置财产折价或者拍卖、变卖后，其价款超过债权数额的部分归债务人所有，不足部分由债务人清偿。

第四百五十六条 同一动产上已经设立抵押权或者质权，该动产又被留置的，留置权人优先受偿。

第四百五十七条 留置权人对留置财产丧失占有或者留置权人接受债务人另行提供担保的，留置权消灭。

4.4　完善物流金融法律环境

《中华人民共和国民法典》为物流金融业务开展的三个阶段提供了良好的法律环境，在合同的内容及责任、动产/权力交付及质权生效、债权的实现方面都做出了相应规定，推动了物流金融业务的发展。根据我国物流金融法律制度的现状，可以看出国家大力支持物流金融业务发展的决心，但我国现有的法律制度尚存在许多模糊之处，滞后于物流金融业务的发展，通过对《中华人民共和国民法典》中相关法律规定的分析，可以将物流金融存在的法律问题总结归纳为如下几个方面。

（1）货物所有权及质权争议。由于物流金融业务涉及多方主体，用于担保的货物所有权也在各主体间进行流动，极易产生所有权争议。

（2）缺乏公示方法。根据《中华人民共和国民法典》的规定，担保物权公示的方式有登记和交付两种，不动产担保物权公示方式为登记，动产质权公示方式为交付占有。在物流金融实践中，质权人不直接占有质物，主要委托物流企业占有质物，而且，因质物主要是存货等动产，无需办理登记。虽然出质人和质权人通过协议约定完成了法律意义上的交付，质权依法设立，但因第三人无法知悉质权的存在，可能会出现同一质物上多种权利竞合的情况，最终导致质权人权益受损。

（3）监管责任不明晰。物流企业对动产质物的监管是物流金融业务的主要内容之一，但法律对此监管的概念却没有界定。因此，物流企业和质权人之间的监管责任认定，适用《中华人民共和国民法典》中关于保管合同还是仓储合同或是委托合同的规定不明确。

（4）合同条款不规范。物流金融业务涉及多方主体和诸多环节，通常采用的是集委托、保管、仓储、质押、借款等各类合同于一体的综合合同，属无名合同，其内容较为广泛，各方法律关系十分复杂。由于物流金融业务形式多样，业务合同规范范本也很难确定。这导致纠纷发生时，合同各方无所适从，法律诉讼成本大大提高。

鉴于目前物流金融业务法律环境存在的问题，建议从以下几个方面进行完善。

（1）对于银行来说，谨慎选择质押物。在物流金融实施过程中，质押物产权界定是一个基本的问题，它包括所有权审核和质权审核两个方面。所有权审核指，审核质押物是否在法律上清晰地归出质人所有；而质权审核指，审查质物是否在法律上允许质押，是否被担保给多个债权人，即存在重复担保的现象等。因此，谨慎选择质押物须从以下几方面着手：通过合同确定审核责任人和审核方式，这是质押物审核的前提；只有所有权属于出质人的货物才能作为质押物；质押物的来源须合法，对非法途径取得的物品不能作为质押物。

（2）规范合同条款。物流金融业务合同与业务运行过程紧密相连，是物流金融业务顺利进行的主要法律保障，是约束各方主体行为的主要工具。合同条款的设计会直接影响业务运行中风险的产生。合同内容完备有助于实现物流金融业务的规范化和标准化，还可有效地降低业务风险。物流金融业务合同条款设计须注意以下几方面：质物产权审核问题，须确定质物所有权及质权审核的责任人和审核方式；监管问题，须明确物流企业和银行对质物的监管责任；违约责任问题需明确各方权利、义务并确定相应的违约责任；质物价格问题，约定质物价格确定的基准、质物价格风险防范机制等内容；贷款周期问题；符合业务特点及操作实际的其他问题。

（3）建立统一的动产担保登记制度。借鉴国外立法情况，就动产质押登记制度、动产担保登记制度、动产担保登记机关、动产担保登记作用等做出明确规定，以便节省交易成本，维护交易安全。

（4）明确动产质押监管责任，改善动产质押监管责任不清晰的现状，促进动产监管业务的健康发展。

第 5 章

物流金融风险监管

5.1 物流金融风险认识

5.1.1 风险定义

由于国家、时间、环境和制度的不同，人们对风险有不同的认识和定义。总体而言，根据对有关风险及其内容的分析形成不同的学术观点，可以归纳为客观实体派和主观建构派。客观实体派认为，风险是指损失发生的可能性；由于风险导致的损失一般是指非计划、非预期和非故意的经济价值的减少，能够直接或间接用金钱衡量的人身伤害；风险的主要特征是，客观存在、具有不确定性和可测性。主观建构派认为，风险具有建构性，即风险不是客观存在物，而是人们主观建构而成的；风险具有社会性和团体性；风险具有不确定性和不可测性。

风险的产生离不开风险因素、风险事故和损失等这三个构成要素，也就是说，风险是风险因素、风险事故和损失的统一体。

1. 风险因素

一般认为，风险因素是指，足以引起或增加风险事故发生可能性的条件，也包括风险事故发生后，致使损失扩大的条件。风险因素是风险事故发生的潜在原因，是造成损失的内在条件或间接条件，它促进风险事故发生或增加出险频率与损失幅度。

2. 风险事故

风险事故也称危险，一般指造成生命财产损失的偶发事件，是导致损失发生的直接原因或外在原因，如导致物流仓库发生损失的叉车碰撞、员工触电、物流金融客户故意隐瞒信息等。风险事故发生的原因就是风险因素。风险事故在多数情况下是外露的、显性的，是人们可以感受得到、看得见或摸得着的事件或事故。

3. 损失

损失是风险因素和风险事故作用下的最终结果。例如，叉车毁损、人员受伤、贷款坏账等都需要花费一定的经济成本进行恢复或处理。而毁损的叉车、受伤的人员和变成坏账的贷款等损失的载体，成为损失暴露体。虽然风险不一定以损失为果，损失也不一定以风险为因；但是风险程度与损失机会存在一定的相关性，即风险程度越大，损失越大；反之则反是。

综上所述，由于风险因素在其自身发展到一定程度，直接转化为风险事故或在外部诱因的影响下转化为风险事故，风险事故可能会导致损失的发生。风险因素、风险事故和损失的转化互动过程，就是风险的生成过程。

5.1.2 物流金融风险管理的含义

物流金融风险可以理解为物流金融项目中所存在的可控或非可控的不确定性因素的总和，这些因素对于系统的正常预期运行起到干扰作用：一旦这样的扰动达到一定程度，就会产生相应的后果，一般而言是不良影响，导致预期结果无法实现。虽然从严格意义上来说，风险并不等同于损失，风险也可能带来额外的收益。但本章所涉及的关于风险的讨论，将主要集中于可能带来负面后果的影响因素上。

物流金融风险的控制理念从静态、单一的企业控制理念转变为动态、系统的风险控制理念，通过在业务操作中实现物流、资金流和信息流的高度统一，实现授信的自偿，为银行的风险管理提供了一个崭新的维度。商业银行对企业的信用评级也不再单独强调固定资产价值、财务指标、企业规模和担保方式，转而更关注企业单笔贸易的真实背景、供应链核心企业的实力和信用水平，更强调贸易背景的特定化以及系统性统筹授信。

人们对于风险管理的实践也有较长的历史，比如，早期的保险管理。关于风险管理理论，全面风险管理（ERM）是目前较为主流的管理理论，是在20世纪90年代末从内部控制理论的基础上发展而来的。这个过程从企业战略制定一直贯穿到企业的各项活动中，用于识别那些可能影响企业的潜在事件，以将风险控制在企业的风险偏好之内，合理地确保企业取得既定的目标。对于物流金融风险管理而言，该定义仍然可以借鉴。我们可以将物流金融风险管理理解为一个贯穿整个经营活动的，受到来自组织内外部各级人员影响的动态过程。在这个过程中，组织需要对各个可能影响活动进展的事件进行识别，以将风险控制在组织的风险偏好之内，合理地确保取得既定目标。

5.1.3 物流金融风险管理原则

作为一项创新业务，物流金融在业务模式、具体操作流程等方面与传统信贷业务相比差别较大，但其风险管理框架应与银行总体风险管理框架保持兼容，并适应风险管理的核心原则。

1. 全面风险管理原则

全面风险管理有两方面的含义。一方面，物流金融业务的风险管理应包括在运行物流金融相关机构全面风险管理的范畴内，与其他业务等纳入统一的管理体系中，依据各类业务的相关性，对全部资产组合风险进行控制和管理；另一方面，物流金融风险管理应对其面临的信用风险、法律风险、市场风险和操作风险等不同类型的风险通盘考虑，确保物流金融中所有的风险状况及反馈结构都应由相应部门负责和管理；对所有风险管理的政策及规定都应提出准确的标准文件；所有的风险应通过定性或定量的方法进行测算。

2. 相对独立性原则

商业银行风险管理的目标是在资本、人力资源、风险管理能力和其他各种资源允许的范围内，在银行可承受的风险范围内开展业务活动，稳妥地管理已经承担的风险，在风险和收益之间取得适当平衡，得到经风险调整后利润的最大化和股东价值的最大化。物流金融业务必须与上述目标兼容，对其盈利能力的评价，必须是经风险调整后的收益与投入成本的比较。

3. 风险收益平衡原则

随着组织机构的复杂化程度加深，风险管理部门的设置也应适应总体的结构体系。商业银行全面风险管理中推行机构设置和人员分工遵循分层设置、层级管理的原则。

在有条件的情况下，风险管理职能部门的设置应独立于业务体系，并且适应业务体系的结构。风险管理部门应在业务体系的各个层次设立独立的风险管理、评审体系，实现垂直的风险管理。否则，如果只由业务部门内部设立风险管理机构可能出现局内人控制的思维怪圈，也不利于全面风险管理的实施。但保有独立性并不意味着要切断与业务部门的联系，恰恰相反，风险部门仍然需要密切和业务部门的联系。采用垂直管理模式可能使得风险管理人员缺乏对于业务的深入了解，从而无法准确地开展风险的评估。因此，要结合独立性和紧密性原则，适应风险情况合理地设置风险管理部门。

5.1.4 物流金融风险管理工作流程

物流金融风险管理工作流程包括风险识别、风险度量、风险评估和风险控制等环节。

1. 风险识别

风险识别是风险管理的基础，主要是对潜在损失的风险因素加以判断，分析风险的性质并进行系统分类。风险识别不但要找到经营中存在的风险，还要找到造成风险的原因。

由于物流金融的对象包括很多中小企业，因此，信用风险是物流金融中最首要的风险来源；同时，在物流金融风险管理中另一个重要风险来源是操作风险。此外，物流金融中不同资金解决方案还会涉及其他风险，比如，存货质押融资可能由于商品价格波动形成的市场风险，外汇类金融产品必须考虑汇率风险的影响等。

2. 风险度量

风险度量就是对风险进行定量分析和描述，对风险事件发生的概率和可能造成的损失进行量化。在我国，一方面，物流金融是一个比较新的金融服务领域，缺乏数据积累，难以对不同风险进行定量分析；另一方面，我国正处于经济转型期，市场化体制和商业环境在不断发展，企业也在随着环境变化而不断发展，目前难以建立稳定的模型来描述企业状况。但是，定量分析是风险管理发展的趋势，《巴塞尔协议》也强调和鼓励商业银行尽可能地利用定量模型进行风险管理，从长远来看，建立定量模型是非常必要的。因此，在进行物流金融开发的过程中，应当关注数据积累，并持续推动定量分析水平的提高。

3. 风险评估

风险评估是在风险度量的基础上，分析企业对于风险的承受能力，判断是否要采取合适的风险控制措施。风险评估是指，在风险事件发生之后，对于风险事件对人们的生活、生命、财产等各个方面造成的影响和损失进行量化评估的工作。在风险评估过程中，可以采用多种操作方法，包括基于知识的分析方法、基于模型的分析方法、定性分析和定量分析，无论何种方法，共同的目标都是找出组织信息资产面临的风险及其影响，以及目前组织安全水平与组织安全需求之间的差距。

4. 风险控制

风险控制就是根据风险评估的结果，采取相应的措施，把风险可能造成的损失控制在可接受的范围内。对于风险可采取的措施包括：风险回避、风险防范、风险抑制、风险分散、风险转移、风险对冲、风险补偿和风险保险等。在物流金融中，风险防范和风险抑制主要通过操作控制来完成，因此，操作风险管理是物流金融的一个重要内容。

5.2　物流金融风险分类

风险的种类很多，根据《巴塞尔协议Ⅱ》，银行面临的风险有信用、市场、操作、流动性、国家、声誉、法律、合规和战略共计九大类风险。美国通货监理署颁布的《衍生性金融商品风险管理手册》将风险分为九类：信用风险、价格风险、汇率风险、利率风险、流动性风险、交易风险、法规风险、商誉风险和策略风险。物流金融的模式很多，不同的物流金融业务模式有不同的风险。本书结合物流金融风险的定义和特征，认为物流金融面临的风险主要有：信用风险、质押物风险、操作风险和法律风险。

5.2.1 信用风险

信用风险是指，交易对手缺乏能力或意愿而不履行契约，使得授信人的预期收益和实际收益产生偏离的可能性，又被称为违约风险。物流金融业务信用风险的主要来源是借款人即融资企业。但由于物流金融业务涉及多主体合作，交易对手之间都存在一定的信用风险。例如，在物流金融业务中，融资企业的信用风险在于其是否为其他机构提供真实的财务信息、物流信息，是否按时偿还贷款本金和贷款利息；物流企业主要的信用风险在于，对担保物数量和质量的监测与控制；核心企业主要的信用风险在于，是否提供了真实的上下游企业信息，是否切实履行其回购义务、担保义务。

物流金融信用风险包括，系统性风险、非系统性风险以及道德风险。

1. 系统性风险

在风险管理领域，系统风险是由于宏观经济环境和行业发展要素发生变化造成的行业内大部分企业都不可避免地遭受损失的情况。系统风险的考察，可以从宏观经济运行情况和行业的发展状况两个层面来分析，具体到物流金融业务中，系统风险更直接来源于买卖双方。宏观经济以及行业的景气程度会影响到包括核心企业在内的供应链上所有节点企业，因此，物流金融服务提供方应对于授信企业所处行业的发展前景以及供应链竞争地位的变化做出实时、准确的动态评估。

2. 非系统性风险

非系统性风险是指，授信的中小企业自身的经营战略等方面的变化给物流金融服务提供方带来的风险。虽然物流金融业务的开展是基于稳定的贸易合作关系和真实的贸易背景，但授信企业的经营决策仍然会形成非系统性风险。比如，授信企业可能利用获得的资金从事投机性经营，如过度囤货、偷税漏税、卷入债务纠纷等，造成极大风险，一旦失败则会导致资金链断裂，直接影响还款能力。

3. 道德风险

除企业经营能力之外，即使授信企业在正常盈利后，是否按约偿还贷款还存在不确定性，即道德风险。道德风险的主体不仅涉及授信的中小企业，还包括交易对手及合作伙伴、其他诸如担保公司、资信评级公司等。

信用风险往往难以定量计算，这主要是因为：信用风险损失的概率分布是左偏厚尾的，计量困难；对于中小企业自身的经营策略诱发的非系统性风险，也难以量化；道德风险更是牵涉各参与方，与其心智模式有关，也难以定量描述。因此，当前信用风险的判断，是以“主体 + 债项”，并侧重于债项的信用评级为主。其中，主体信用评级是在授信的中小企业现有经营状况的基础上，分析未来整体的偿债能力和可能的违约情况，是一种不针对特定债务的评级方法；债项评级则往往取决于债项的偿还次序、贷款条款、贷款资金流向、外部担保或者抵押等因素，在相当大的程度上衡量了企业违约前提下贷款收回的概率。这一评级方式正是物流金融业务与传统信贷业务最大的区别。在《巴塞尔协议》中，也鼓励商业银行在风险管理中更多关注债项评级。而物流金融业务开创性地采取了资产支持下自偿性的信用隔离，从而使债项评级更为准确。当然，也绝不能忽视主体评级，因为主体评级过低，可能诱发严重的道德风险，从而造成信用风险的错估。

5.2.2　质押物风险

近几年随着物流金融业务的发展，出现了很多创新模式，如融通仓、保兑仓、未来提货权质押、订单融资业务等，但存货作为物流的基本元素，最能体现物流的特征，也是众多中小企业大量拥有的资产，所以存货质押融资业务已成为目前物流金融业务中最核心、最成熟的模式。当前我国标准仓单制度尚不健全，及时关注质物风险能够把握存货质押融资业务的客观形态，对其进行有效的风险管理。质物风险主要包括质物形态风险、质物权属风险、质物价格风险和质物变现（流动性）风险。

1. 质物形态风险

质物形态风险主要指，质押存货的易损程度、保管条件以及标准化程度（是否易于计量）。因此，银行开展质押业务，均要求质物的物理形态、化学形态稳定，易于储存保管。因此，有易挥发、易渗漏、易燃易爆、易霉变等特性的货物，容易造成质物价值减损的风险，银行需谨慎接受；同时，对于有剧毒、辐射的货物，易触及公共安全问题，银行应拒绝接受；对于生命周期短、更新换代快的电子产品，银行也应谨慎介入。

2. 质物权属风险

质物权属风险，主要是针对授信企业是否拥有对质押存货的所有权，以防止授信企业对质物进行重复担保、重复质押，造成无法实现银行的优先受偿权。因此，银行要求质押存货必须产权明晰。

3. 质物价格风险

质物价格风险是目前学术界讨论最多的一种风险，也较易于运用成熟的计量方法予以测度，因此，银行在开展质押业务时，一直将其视为质押存货价值风险的重要显性指标，并作为风险控制的核心变量——质押率设定的重要参考依据。

在授信期间，存货的市场价格并非是稳定不变的，而是表现出一定的波动性。当存货的价格处于上扬态势时，银行并不承担质物风险，而当存货价格处于下跌态势，尤其是短期内价格跳水时，银行风险则显著增加。因此，在开展存货质押业务时，必须针对存货的不同价格波动特点，采用合适的模型预测授信期间存货的价格走势。比如，针对随机波动的模型，采用随机游走过程，以及均值回复过程模拟质物的未来价格走势，进而得到其长期价格风险。

4. 质物流动性风险

质物流动性风险是指，质物不能够在合理的时间或价格顺利变现，使得授信人的预期收益和实际收益之间产生偏离的可能性。

2009年，中国银监会在《商业银行流动性风险管理指引》中明确提出：流动性风险是指，商业银行虽然有清偿能力，但因无法及时获得充足资金或无法以合理成本及时获得充足资金以应对资产增长或支付到期债务的风险。在物流金融领域中，作为还款义务履行的保证，存货资产变现的顺利程度是衡量其流动性风险大小的直接指标，因此，流动性风险主要反映在担保物上，尤其反映在存货资产上。存货资产面临的流动性风险来自两方面：担保物变卖的流动性风险和担保物正常销售的流动性风险。

质物流动性风险，是对质押存货变现能力的考察，这要考虑存货市场容量的大小、销售渠道是否稳定等。因此，银行在选择质物时，往往倾向于选择用途广泛、流动性好的原材料作为质押存货。流动性风险是银行必须加以重视的风险，它决定了授信企业一旦违约，银行能否顺利通过变卖质物来偿还贷款损失。在物流金融业务中，质押存货的流动性同样如此，如果流动性很差，银行将很难快速变卖质物，而且即使成功变卖，也将是无奈地折价出售，极有可能无法弥补贷款本息。

5.2.3　操作风险

1. 操作风险定义

巴塞尔委员会将操作风险定义为由于不完整或者失灵的内部

控制、人为错误、系统失灵，以及外部事件等给商业银行带来的损失，包括所有与风险事件相联系的成本支出。越来越多的国家采用巴塞尔委员会的监管标准，巴塞尔委员会的操作风险定义基本上已成为国际上通行的定义。

相应地，物流金融业务中的操作风险涵盖了信用调查、融资审批、出账和授信后管理与操作等业务流程环节中由于操作不规范或操作中的道德风险所造成的损失。更具体一些，巴塞尔委员会将操作风险细分为七个类型，分别是：（1）内部欺诈；（2）外部欺诈；（3）就业和内部工作场所的安全；（4）客户、产品与业务活动；（5）实物资产的损坏；（6）信息科技系统失灵；（7）执行、交割与流程管理。

2. 操作风险损失事件类型

（1）内部欺诈事件指，故意骗取、盗用财产或违反监管规章、法律或公司政策导致的损失事件，此类事件至少涉及内部一方，但不包括歧视及差别待遇事件。

（2）外部欺诈事件指，第三方故意骗取、盗用、抢劫财产、伪造要件、攻击信息科技系统或逃避法律监管所造成的损失事件。

（3）就业制度和工作场所安全事件指，违反就业、健康或安全方面的法律或协议，个人工伤赔付或者因其实际差别待遇导致的损失事件。

（4）客户、产品和业务活动事件指，因未按有关规定造成未对特定客户履行分内义务（如诚信责任和适当性要求）或产品性质或设计缺陷导致的损失事件。

（5）实物资产的毁坏事件指，因自然灾害或其他事件导致失误，资产丢失或毁坏的损失事件。

（6）信息科技系统失灵事件指，因科技信息系统生产运行、应用开发、安全管理以及由于软件产品、硬件设备、服务提供商等第三方因素造成系统无法正常办理业务或系统速度异常等所导致的损失事件。

（7）执行、交割和流程管理事件指，因交易处理或流程管理失败，以及与交易对手方、外部供应商及销售商发生纠纷导致的损失事件。

以银行开展物流金融为例，一旦选择与资产规模小、经营不规范的物流企业合作，其本身就会给银行开展物流金融业务带来外部欺诈风险；银行本身管理机制不健全、制度不完善，内部控制机制及公司治理机制失效，银行从业人员的道德风险和人员素质偏低等原因造成的物流金融业务内部欺诈风险；而计算机信息化系统可能带来的风险，一方面，是指银行计算机信息系统是否存在重大安全隐患；另一方面，是指银行计算机信息系统是否反映了物流金融业务的信息科技系统风险；由于质押货物是要质押在物流企业的仓库中，所以可能会发生与外包服务方纠纷的风险；在质押物的保存过程中，会面临盗抢、火灾、灭失等一系列实物资产毁坏风险，银行是否选择了易储存、易运输、质量稳定的标的物作为质押物等，也会影响客户账户管理风险。由此可见，操作风险涉及范围相当广，也是物流金融风险管理的重点环节。

3. 操作风险结果

操作风险结果与操作风险损失事件类型是两个不同的概念，操作风险结果更注重从事件产生的结果进行分类，而操作风险损失事件类型其实是从事件发生原因的视角对事件进行分类。

（1）法律成本，因发生操作风险事件引发法律诉讼或仲裁，在诉讼过程中或仲裁过程中依法支出的诉讼费用、仲裁费用及其他法律成本。

（2）监管罚没，因操作风险事件所遭受的监管部门或有权机关罚款及其他处罚。如违反产业政策、监管法规等所遭受的罚款/吊销执照等。

（3）资产损失，由于疏忽、事故或自然灾害等事件造成实物资产的直接毁坏和价值的减少。如火灾、洪水、地震等自然灾害所导致的账面价值减少。

（4）对外赔偿，由于内部操作风险事件，导致物流金融服务方未能履行应承担的责任造成对外的赔偿。如因银行自身业务中断、交割延误、内部案件造成客户资金或资产等损失。

（5）追索失败，由于工作失误、失职或内部事件，使原本能够追偿但最终无法追偿所导致的损失，或因有关方不履行相应义务导致追索失败所造成的损失。如资金划转错误、相关文件要素缺失、跟踪监测不及时所带来的损失等。

（6）账面减值，由于偷盗、欺诈、未经授权活动等操作风险事件所导致的资产账面价值直接减少。例如，内部欺诈导致的销账、外部欺诈和偷盗导致的账面资产损失或收入损失，以及未经授权或超授权交易导致的账面损失等。

（7）其他损失，由于操作风险事件引起的其他损失。

5.2.4 法律风险

1. 法律风险的定义

对法律风险进行定义是非常困难的，因为法律风险的边界相对模糊，即使信用风险中也可能包含法律风险。比如，在债权的追索中，如果出现纠纷，需要通过法律程序解决，就会产生法律风险。法律风险可能造成的损失主要表现为银行或其员工、代理机构在法律上的无效性；法律规定和结果的不确定性；法律制度的相对无效性。

2. 物流金融中的法律风险

物流金融面临的法律风险主要来自两方面：微观层面的法律风险和宏观层面的法律风险。微观层面的法律风险主要是指，由各类法律文件的有效性和可执行性带来的法律风险，可以说是一种特殊的操作风险。宏观层面的法律风险主要是指，由于法律制度的不完善或法律政策的变化使经营环境发生变化导致的风险。

在物流金融领域中，最常见的法律风险是抵质押权设立的无效、冲突或落空。给参与物流金融发展的银行、物流企业等主体带来了很大的法律风险，从而阻碍物流金融的长远、健康发展。

5.3　物流金融风险评价

风险评价方法有很多，主要有德尔菲评价法、灰色综合评价法、结构方程模型、神经网络、层次分析法等。对于这些评价方法来说，每种方法都有各自的优点和缺点。现代物流金融风险错综复杂，如果仅仅采用定量的研究方法或者定性的研究方法，不够准确。因此，如何选择正确的方法在能保证评价精度的同时，又能降低评价过程的烦琐性，是摆在我们面前的一道难题。

1. 德尔菲评价法

德尔菲评价法（Delphi method）是一种具有特定程序的专家调查方法，是以古希腊德尔菲这一地名命名的。该方法主要通过匿名的方式，以问卷调查的方法对专家进行特定问题的调查，经过多次反复调查以及归纳总结，将通过修改汇总后得到的一致性看法作为此次调查的最终评价结果。

采用德尔菲评价法的步骤如下：（1）明确评价指标，设置相关的评价标准以及评价指标体系；（2）组成专家小组；（3）发放问卷；（4）汇总分析回收的问卷；（5）结果反馈。继续按照以上步骤进行操作，直到所得出的结果满意才停止调查。

2. 层次分析法

T. L. 萨蒂（T. L. Saaty）最先提出层次分析法，该方法是定量分析与定性分析相结合。首先，根据目标确定主要因素；其次，根据因素之间的关系确定目标层、准则层、指标层；最后，根据各个指标因素的重要程度，求得指标层对目标层的权重。

3. 模糊评价法

美国 L. A. 扎德（L. A. Zadeh）教授提出了模糊数学。模糊综合评价就是基于模糊数学理论提出的一种综合评价方法。具体来说，模糊评价以模糊数学理论为基础，并通过应用模糊关系合成原理，对不易定量化的因素以及边界不清的因素采取定量化方法。与此同时，考虑多因素对评价目标的隶属等级情况，根据因素的相对权重得出因素的重要影响程度。根据条件要求和目的，对每一个评价对象赋予一个指标，该指标的取值为非负实数，然后择优排序，对所有的指标要素进行综合评判。

4. 灰色综合评价法

邓聚龙教授最早提出灰色系统理论，主要是能够有效地处理系统的贫信息情况，在处理信息不准确以及小样本数据不完全确定的系统问题时有着明显的理论分析优势。通过确定指标权重以及评价等级，计算样本矩阵、灰类的评价、灰类的评价系数及权重向量等步骤，最终确定综合风险评价值。灰色系统理论是通过对已知信息的了解来确定未知信息，从而整个系统能够从灰色状态变为白色状态。

5. 结构方程模型

结构方程是广泛应用于处理多变量数据研究的线性统计建模技术，有效地整合了路径分析及因素分析。从实际来看，结构方程综合运用并改进了因子分析、方差分析、多元回归等统计方法，获得了学者的广泛认可。结构方程模型主要是研究潜变量间的关系，分为结构模型和测量模型。测量模型研究潜变量与指标间的关系，结构模型研究潜变量之间的关系。

6. BP 神经网络

BP 神经网络，具有自学能力强、适应面广、求解问题效率高等特点，并能够对专家的评价过程进行合理的模拟，这种模型对于学术研究具有很大的影响力。BP 神经网络属于多层次反馈模型，所采取的是“导师”学习算法。人工神经网络主要分为反馈神经网络、前向神经网络、自组织神经网络。BP 神经网络的学习过程由前向传播和误差逆向传播两部分构成。BP 神经网络的优越性、较好的自学习以及记忆联想技能，使其成为较广泛使用的神经网络模型。

5.4　物流金融风险防范

5.4.1　物流金融风险应对方法

常见的风险应对方法包括，风险分散、风险转移、风险对冲、风险规避和风险补偿。

1. 风险分散

风险分散是指，通过多样化的投资来分散风险或降低风险的方法，资产放在不同的投资项目上。例如，股票、债券、货币市场或者是基金，可分散风险。投资分散于几个领域而不是集中在特定证券上，可以防止一种证券价格不断下跌时带来的金融风险。马科维茨（Markowitz）的资产组合管理理论认为，只要两种资产收益率的相关系数不为 1（即完全正相关），分散投资于两种资产就具有降低风险的作用。而对于由相互独立的多种资产组成的资产组合，只要组成资产的个数足够多，其非系统性风险就可以通过这种分散化的投资完全消除。

2. 风险转移

风险转移是指，将风险及其可能造成的损失全部转移给他人或部分转移给他人。通过风险转移而得到保障，是应用范围最广、最有效的风险管理手段，保险就是其中之一。一般来说，风险转移的方式可以分为非保险转移和保险转移。非保险转移是指，通过订立经济合同，将风险以及与风险有关的财务结果转移给别人。在经济生活中，常见的非保险风险转移有租赁、互助保证、基金制度等。保险转移是指，通过订立保险合同，将风险转移给保险公司（保险人）。个体在面临风险的时候，可以向保险人缴纳一定的保险费，将风险转移。一旦预期风险发生并且造成了损失，则保险人必须在合同规定的责任范围之内进行经济赔偿。因为保险存在许多优点，所以通过保险来转移风险是最常见的风险管理方式。需要指出的是，并不是所有风险都能够通过保险来转移，因而可保风险必须符合一定的条件。

3. 风险对冲

风险对冲是指，通过投资或购买与标的资产收益波动负相关的某种资产或衍生产品，来冲销标的资产潜在的风险损失的一种风险管理策略。例如，资产组合、多种外币结算、战略上的分散经营、套期保值等。风险对冲是管理利率风险、汇率风险、股票风险和商品风险非常有效的办法，由于近年来信用衍生产品的不断创新和发展，风险对冲也被广泛用来管理信用风险。与风险分散策略不同，风险对冲可以管理系统性风险和非系统性风险，还可以根据投资者的风险承受能力和偏好，通过对冲比率的调节将风险降低到预期水平。利用风险对冲策略管理风险的关键问题在于对冲比率的确定，这一比率直接关系到风险管理的效果和成本。商业银行的风险对冲可以分为自我对冲和市场对冲两种情况：（1）自我对冲是指，商业银行利用资产负债表或某些具有收益负相关性质的业务组合本身所具有的对冲特性进行风险对冲；（2）市场对冲是指，对于无法通过资产负债表和相关业务调整进行自我对冲的风险（又称剩余风险），通过衍生产品市场进行对冲。

4. 风险规避

风险规避是风险应对的一种方法，是指通过计划的变更来消除风险或消除风险发生的条件，保护目标免受风险的影响。风险规避并不意味着完全消除风险，我们所要规避的是风险可能给我们造成的损失。一是要降低损失发生的概率，这主要是采取事先控制措施；二是要降低损失程度，这主要包括事先控制、事后补救两个方面。风险规避主要分为两种：第一种，完全规避风险，即通过放弃合作或拒绝合作，停止业务活动回避风险源；虽然潜在的或不确定的损失能就此避免，但获得利益的机会也会因此丧失。第二种，风险损失的控制，即通过控制损失发生的概率，降低损失发生的程度。

5. 风险补偿

风险补偿主要是指，事前（损失发生以前）对风险承担的价格补偿。对于那些无法通过风险分散、风险对冲或风险转移进行管理，而且又无法规避、不得不承担的风险，投资者可以采取在交易价格上附加风险溢价，即通过提高风险回报的方式，获得承担风险的价格补偿。

5.4.2　物流金融风险应对

1. 信用风险防范

在物流企业开展物流金融业务中，信用风险主要包括：货物的合法性风险、客户的诚信度风险、虚假仓单风险、违约风险。

（1）货物的合法性风险应对。针对货物的合法性风险，首先，服务开展方在出质人进行货物质押时，一定要严格考核质押物是否合法，是否为合法渠道取得的货物。其次，服务开展方在进行货权验收时，一定要确认货权是否属于融资企业，相关证明、文件、手续是否齐全。

（2）客户的诚信度风险应对。针对客户的诚信度风险，有以下两点。

首先，服务开展方可以通过中国人民银行的征信系统等官方渠道了解融资企业的信用资质和经营能力。良好的信用资质是企业按期还本付息的重要条件，应着重从三个方面考察：其一，应调查融资企业以往是否有过不良的贷款记录，目前是否存在拖欠贷款本金、利息的情况；其二，分析融资企业在以往的借贷中所表现的履约能力；其三，应调查融资企业履约的主动性，即应调查客户履约是出于自愿，还是被采取了法律诉讼或其他行动的结果。一旦了解目前企业仍存在不良的信用记录，应拒绝向其发放信贷。

其次，服务开展方也可以通过其他方式了解物流企业的真实经营情况。例如，服务开展方可以经常与物流企业保持沟通，了解质押物的状况，还可以派专门的部门人员对质押在物流企业的货物进行不定期抽查。

（3）虚假仓单风险应对。仓单应该包括如下事项：存货人的名称或者姓名和住所；仓储物的品种、数量、质量、包装、件数和标记；仓储物的损耗标准；储存场所；储存期间；仓储费；仓储物已经办理保险的，其保险金额、保险期间以及保险人的名称；填发人、填发地和填发日期。但目前仓单由各家物流公司自己设计，存在不规范的风险。同时，仓单也涉及是否真实、唯一等问题。因此，要对仓单进行科学管理，使用固定格式，按规定方式印刷；同时，派专人对仓单进行管理，严防操作失误和内部人员作案，保证仓单的真实性、唯一性和有效性。

（4）违约风险应对。与其他信贷业务相比，物流金融业务的违约风险是比较小的，因为有融资企业的商品作为质押，同时还有物流企业对商品进行监管和其他辅助服务。而且，融资企业在借款到期日不能还本付息，银行可以考虑委托物流企业对仓储的相应数量商品按现行市场价格下浮一定比率以内实现销售处理，直到收回贷款本息。而对于仓单质押货物的处置，受市场影响大，需各方事先签订协议就处置方式做出明确规定，确保各方权利义务。

2. 操作风险应对

（1）制定严格的操作规定。在操作风险中，具体操作风险的影响最大。物流企业在物流金融业务开展的过程中，应当制定严格的操作规定并加强巡查，以防止由于监管人员的操作失误所带来的风险。

按照国家标准和行业标准的要求，制定合理的货物仓储保管规则。同时，如果出质人有附加的保管要求，则必须在仓储协议中明确指出，并据此严格执行。

库外监管与实际保管人签订“仓储保管协议”，对每一个环节的操作都做出具体责任和义务的规定，一旦发生操作失误，责任能够追究到个人。

与银行保持紧密的联系，一旦质押物的外观、质量、数量等发生变化时，能够及时告知银行，以便快速采取应对措施。

换货时，必须要求出质人提供完整的品质证明。

与相关部门做好沟通，保持密切联系，确保当发生特殊情况时，能够对货物进行直接控制。

（2）制定相对统一的业务流程和业务规范。物流金融业务的操作风险中，模式风险与业务流程风险的影响程度是相近的。目前，物流金融发展了多种不同的模式，不同的地区、不同的银行所采用的模式都不相同，其操作流程也不尽然相同。因而，第三方物流企业与金融机构必须制定相对统一的业务流程和业务规范。这样，即便不同地区的员工也能够按照相同的业务流程来进行工作，降低因物流金融模式的不同和业务流程的不同与不规范所带来的风险。

规范物流金融风险的业务流程应当从以下几方面着手。

加强合同管理。在物流金融过程中，物流企业作为监管的第三方，只对质押品承担监管和保管的责任，而不承担任何法律责任。因而，在合同签订的过程中，物流企业要约定自身的责任范围。

物流金融业务的相关单据一定要保证其规范性，要有“签字意识"，所有资料的台账都必须有相关人员的签名，明确各自的责任范围和义务范围，这是出于保护自身合法利益的需要。

将业务巡查加入物流金融业务环节，以弥补工作人员因为操作失误带来的风险。

3. 法律风险防范措施

在物流金融业务开展过程中，更要注重一切依照法律程序实施，对于一些有争议的事项可以进行协商，达成一致协议后再进行，以免发生不必要的损失。

（1）在法律风险中，规章制度风险的影响比较大。要想完善现有的法律法规体系，一方面，需要政府对于相关政策体系的发布；另一方面，要提高这些法律规章制度的可操作性，加大执法力度，以避免不法行为的发生。

（2）对于质押物货权的合法性方面，金融机构要对那些不符合质押物要求的商品进行罗列，在开展物流金融业务之前，必须对质押物的货权进行详细考察，不符合质押物要求的商品，坚决不能接受。

4. 质押物本身的风险应对

（1）质押物的选择。质押物的选择直接关系到物流金融业务所面临风险的大小。一般而言，通常会选择那些价格起伏不是很大的商品，例如，金属等，以保证质押物能够在市场中以稳定的价格畅销。另外，考虑到国内外的经济形势，稀缺性物资往往因为与国民经济息息相关，且价格稳定性较强，而备受物流金融业务的钟爱。同时，那些使用范围较广，处置起来比较方便，物流质量稳定、不容易变质的商品也是作为质押物的理想商品。各种原材料由于其稳定的市场需求，也可以作为质押物开展物流金融业务。

随着物流金融业务的逐渐开展，各参与主体的经验和技术都发展到了较为成熟的阶段，质押物的品种也越来越多，如建材、粮食、汽车等商品作为质押物逐渐为物流金融各参与主体所接受。

（2）质押物仓储风险的应对。物流企业先要对自身硬件设施进行一定程度的改善。为了给质押物提供良好的存储条件，物流企业的仓库一定要符合标准的规模。仓库的专业设备要符合一定的标准，以避免在仓库内进行位移时产生不必要的风险。

（3）在质押物进行仓储期间，必须严格按照规章制度进行操作。质押物入库时，对凭证的检验需要合理规范、严格控制。仓单的领取、批准和发放都要进行登记，由专人负责。质押物在出库时，必须对印鉴进行认真核对，并与货主、提货人和银行保持密切联系，以便随时进行沟通。

（4）一般而言，在实际操作过程中，银行通常会要求融资方对质押物进行投保，以避免质押物在业务期间发生非人为的意外而造成大范围损失。为质押物购买保险，往往是防止质押物风险损失的最有效措施。

5.4.3　物流金融风险管理体系

1. 完善物流金融风险管理体系

首先，应注重建立多主体的风险评价体系，除融资企业及其担保物外，对合作伙伴的严格筛选是物流金融成功的关键，尤其要慎重评价、选择核心企业和物流企业。在核心企业方面，物流金融业务比较关注供应链上下游的业务紧密度，选择与核心企业有相对稳定业务关联和交易历史的上下游企业，不选择与核心企业业务关联不紧密，主要交易对手随意性较大的上下游企业。因此，应建立科学评价体系，把核心企业对上下游企业的准入机制和退出机制纳入物流金融风险评价体系中来。在物流企业方面，要建立物流企业评价指标体系，从物流资质、传统物流业务规模、物流金融业务规模、管理水平、历史声誉、财务实力、人员培训等多方面谨慎挑选物流企业。其次，应注重建立多维度的风险评价体系，除信用风险外，还应为市场风险、操作风险、流动性风险、法律风险赋予更多权重。例如，联合设立专门的部门或机构，科学组合配置物流金融担保物种类，建立商品价格与安全库存联动机制以降低对融资企业正常物流决策的影响。最后，完善的物流金融风险体系需要人才进行良好的运作，因此，物流金融的参与各方都应该注重物流金融专业人才的培养，推动物流金融风险管理体系的发展和创新。

2. 建立互联网物流金融信息平台

在现有物流金融的合作模式中，无论是融资企业与各物流金融服务提供方之间，还是同样作为服务提供方的银行和银行、银行和物流企业之间，都存在信息不对称的情况。而物流金融服务提供方及时、准确地获知融资企业的交易信息，使得其判断风险、控制风险的重要性不言而喻。为此，首先，物流金融的参与各方应建立电子信息系统，加强对物流金融业务所需数据种类的开发、收集和保存。其次，应该通过各方合作的方式，建立开放的互联网物流金融信息平台，连接金融机构、电商企业、核心企业、融资企业、物流企业、工商部门等的信息系统，使信息电子化、集中化、准确化、实时化、丰富化、透明化，提升业务效率。最后，银行、物流企业等物流金融服务方应该利用平台对数据进行跟踪监控和分析，逐渐做到动态、实时掌握数据背后隐藏的供应链交易活动，从而在授信时适当淡化对融资企业本身实力和信用的要求，满足更多融资需求，在贷后提前预知风险并提前采取措施有效控制不良贷款的发生。开放的互联网物流金融信息平台的建立，将有助于传统物流金融模式快速升级，推动物流金融向互联网供应链金融等更高级的模式发展。

3. 依托政府和行业组织，完善相关法律法规建设

完善相关法律建设是物流金融业务健康发展不可或缺的基础。从政府的角度出发，一方面，要制定新的适用于物流金融的法律和政策，不断完善现有的法律制度。目前，我国在抵押权、质押权、担保物权等涉及物流金融的法律概念的界定、纠纷处理、流通转让等方面存在较多空白。这些不完善很可能引发纠纷和矛盾，给参与各方带来较大的法律风险，限制物流金融的正常发展。另一方面，对于物流金融业务中涉及的不同行业、不同主体，一旦出现问题可能出现“几不管”的现象，政府应进一步明确监管主体，设立专门的物流金融监管组织，完善监管政策。从行业组织角度出发，应该发挥行业组织的作用，一方面，要在金融机构、物流企业、融资企业等物流金融各参与方以及政府之间搭建起多层次、全方位、高效率的交流平台和服务平台，参与制定有关物流金融行业标准和法律法规，宣传普及《中华人民共和国民法典》等相关法律法规和方针政策；另一方面，要加强行业自律和规范发展，联合相关科研机构和企业共同探索并总结符合市场现状及行业发展的物流金融服务模式、服务标准和风险控制措施，规范行业发展秩序。

4. 加强物流金融主体的风险控制

作为物流金融主体，无论是物流企业，还是银行、电商平

台、制造商，都要完善业务管理流程规范，对物流金融业务各个环节的规范操作进行详细说明，采用多种制度对风险进行管理与控制。加强各个主体之间的合作，统一风险控制标准。针对当前物流金融模式存在的信息不对称问题带来的操作风险，要逐步建立开放的互联网物流金融信息平台，善用数据对供应链生产环节、交易环节进行跟踪、监控、分析，逐步摆脱对监管担保物的唯一依赖，推动物流金融模式向互联网供应链金融模式升级。物流企业要从单纯的功能型物流企业发展为集仓储、运输、流通加工、配送、信息处理、物流金融为一体的第四方综合物流服务商，发展与制造商、电商平台合作的互联网供应链物流金融。

复习思考题

1. 物流金融风险管理的原则。
2. 物流金融的风险分类。
3. 物流金融的风险管理体系。

第 6 章

物流结算金融

结算是指，各经济单位之间因商品交易、劳务供应、资金转移等所引起的货币收付行为。结算主要包括两类：一类是现金结算，是指以现金收付方式结清往来款项的业务，该业务必须在现金管理条例规定的范围内进行。在现金结算中，买卖双方同时在场，交货与付款是在同一时间、同一处所进行的，交易双方一手交钱，一手交货，交易可以当面两清，手续也较简便。另一类是转账结算，是指通过银行将货币资金从付款人账户划转到收款人账户的货币收付行为，其实质是以存款货币的流通代替现金的流通，在银行办理的货币收付总额中，转账结算占 95% 以上，是货币结算的主要形式。物流结算业务主要包括，物流企业提供的代收货款和垫付货款等。下面，我们分别对这两类模式进行介绍。

6.1 代收货款

6.1.1 代收货款的含义

代收货款是物流企业作为买方与卖方之外独立的第三方，在将货物运送至买方后，代卖方收取应收款项的有偿服务。代收货款业务的特点是，在传统的物流中加入了资金和信息的要素，一方面，解决了在交易双方非“面对面”交易时存在的信用风险；另一方面，解决了在网络购物、电视购物中商品配送以及资金结算的不便，让广大商户及消费者享受到了高效、便捷的服务。因此，这项业务为物流企业创造了新的价值，发展迅速，代收货款是一种初级的物流金融服务，现代的代收货款业务将物流、资金流、信息流集于一体，让更多商户通过全国物流服务网络体系，享受以最快的速度回笼资金所带来的资金效率收益。随着我国目前电视购物和网络购物的普及和快速发展，对代收货款服务的需求也越来越多，目前，开设代收货款服务的物流企业非常多，事实上其已经成为物流企业的一项常规性服务，代收货款基本作业流程，如图 6－1 所示。

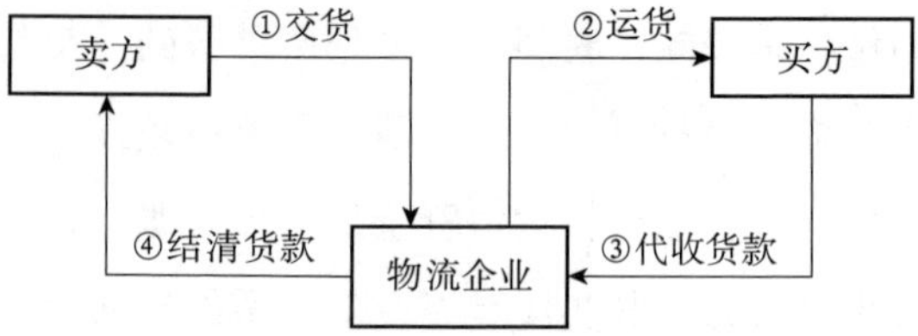

图 6－1　代收货款基本作业流程

6.1.2　代收货款的产生及现状

物流企业的代收货款业务最早出现在一些发达国家和地区，目前发展已较为成熟。在代收货款业务较为发达的国家和地区，这一业务不仅是简单的物流运送加货款代收和交付，而且是融合了保险、金融、电子商务等要素的多元化、综合供应链业务。

我国的代收货款业务开展于广东省，这与广东省经济开放程度高、经济发展迅速，从而带动物流行业快速发展有着密不可分的关系。在全国先开展代收货款业务的是邮政速递，而代收货款业务的具体操作是待买方收到货物后交付货款，可以保证买方的权益不受侵害，解决了信任危机，因此，代收货款业务应运而生。代收货款业务经过几年发展，在进入21世纪以后，由最初的邮政速递的独家经营，已逐渐成为许多物流公司的一项很重要的增值业务。如中国邮政EMS、顺丰速运等几十家大的物流企业均开展代收货款的业务，而从事代收货款业务的小型物流企业在全国更是不计其数。因为代收货款在物流中融入资金和信息的特点，供货商、客户及物流企业都可以从中受益，因此，许多物流企业在创立时，都选择代收货款业务。归纳总结代收货款业务产生的原因有四点。

1. 代收货款是物流市场发展的产物

在物流市场发展的初级阶段，由于运输量较小，进货人一般会携款跟车进货。随着交易范围的日益拓展，客户群的日益增多，货运量已上升到过去的几十倍、上百倍，很多时候需委托货运公司运送货物并代收货款。另外，提供增值服务也是现代物流的发展趋势。

2. 交易双方的彼此不信任催生了代收货款

近些年，随着异地交易、网络交易的增加，供需双方大多时候根本不见面，仅凭电话联系或网络联系。因此，买卖双方信任度不高，在买卖双方不见面的情况下，“一手交钱，一手交货”就成为他们推崇的交易规则。这时，货运公司发挥了桥梁作用，卖方将货交给货运公司，货运到后，买方验货、付款，货运公司则收款、放货。由货运公司代收货款，实现了交货和付款在时间和空间上的统一，降低了买卖双方的经营风险。

3. 代收货款可以招揽货源，提高市场占有率

目前，物流市场竞争越来越激烈，货运的利润也越来越薄，很多货运公司通过代收货款来招揽生意、吸引货源、扩大业务量，进而提高市场占有率。

4. 消费者图方便、图便宜选择货到付款

银行异地汇款要收取手续费，从3%～5%不等。发货方大多发货量较大，一天十几次异地汇款业务，所交纳的手续费积少成多也是庞大的开支。与之相比，货运公司代收货款费用低且方便，所以很多消费者选择让货运公司代收货款。

代收货款业务发展至今，除了出现较早的电视购物、电话购物等方式外，网络购物已经成为代收货款业务的主要来源，我们熟知的淘宝等购物平台上都提供代收货款服务，其区别也仅是是否收取手续费以及手续费费率等方面。对于从事代收货款业务的物流企业，也从最初的邮政速递独家经营发展成为众多物流品牌互相竞争，如顺丰速运、宅急送、中通速递、韵达快递等大型物流企业均开展代收货款业务，而从事该项业务的中小物流企业更是不胜枚举。

6.1.3 代收货款操作注意事项

代收货款服务是指，物流企业在向发货方提供现有物流服务的基础上，同时提供代发货方向收货方收取货款的服务，该服务属于物流服务中的附加业务。

物流企业在提供代收货款服务的同时，向发货方收取一定的服务费。代收货款服务费的计算公式为：代收货款服务费＝代收货款金额×服务费率。

为了规避风险，发货方应与有合作基础的物流企业签订代收货款服务协议。发货方委托物流企业代收货款的产品，需保证在其正规、合法的经营范围内。

在发货方委托物流企业代收货款的情况下，物流企业将货物交付给收件人并由其签收，收取货款后，应按照收款凭证或运单所载金额收回货款。

收件人在收货时：（1）收件人在付款前，有权拆开包装检验，但仅限于货物外观及数量的检验，不提供任何形式的体验验货；（2）如收方在验货后决定拒绝接收货物或者拒绝付款的，物流企业将货物运返发货方，发货方不得以收件人曾拆开包装或以检验为由拒绝收回货物，也不得以此为由主张货物派送延误、毁损、丢失或交易失败而追究物流企业的任何责任。

返款周期。物流企业将收取的货款划转给发货人的时间间隔有以下几种形式：（1）次周返款，即第一周周一到周五所产生的代收款，于第二周周三结算；第一周周六到第二周周五产生的代收款，于第三周周三结算，依次类推。（2）隔周返款，第一周周一到周五所产生的代收款于第三周周三结算；第一周周六到第二周周五产生的代收款，于第四周周三结算，依此类推。（3）T + N 返款，每天产生的代收款，于签收后第 N 个工作日结算，依此类推。

物流企业根据返款周期提前将代收货款、代收货款服务费的账务明细发给发货方核对，发货方收到后 2 个工作日内没有提出书面异议的，视为确认，乙方依照代收货款服务协议将剩余代收货款返还发货方，如对费用存有争议，双方可先行结算其中没有争议的部分金额，其他金额待双方确认后再行结算。返还代收货款不存在利息的支付。

6.1.4　代收货款业务风险识别

对代收货款业务风险因素进行识别，识别结果分为以下三大类。

1. 行业市场风险

行业市场风险为系统性风险，主要受到政府政策和行业发展前景的双重影响。政府政策风险主要表现为宏观环境因素，如相关法律法规的健全程度、相关执法部门的监管力度等；行业发展前景是指，对代收货款业务的发展现状进行分析，明确该业务当前所处的生命周期阶段及其稳定性。例如，当市场趋向于采用代收货款服务时，其他客户也会倾向于选择这项业务。

2. 物流企业资信风险

物流企业资信风险具体是指，从委托货运的双方企业选择合适的物流企业寻求代收货款服务的角度考虑，托运企业对备选的物流企业的资质规模和信用状况进行评估，评估因素受到包括来自物流企业财务状况、货款风险、业务能力、员工管理制度以及监管能力对代收货款业务过程存在的综合影响。

（1）财务状况。对财务状况的考量，有利于进一步了解物流企业的经营实力，能够有效地避免信用风险对物流企业财务状况的考量，要综合考虑其日常生产经营活动中的盈利能力、偿债能力、营运能力和发展能力。财务状况不良的物流企业较容易采取延迟付款甚至转移挪用货款的方式来改善自身经营状况。

（2）货款风险。在代收货款业务过程中，货款的安全性最受到供需双方企业以及物流企业的关注，出现“短款”“拖款”“伪钞”等现象都属于货款风险。物流企业的资金管理手段越强，出现这种风险的概率就越低。例如，在收付货款时进行及时的点验。物流企业实行资金结算统一管理，严格规范资金结算时效，或者采取 POS 机收款等方式能减少现金管理风险。

（3）员工管理制度。企业任何业务的完成都离不开员工的工作能力，因此，员工管理制度对企业的业务完成水平影响尤为重要，它属于日常工作规范中举足轻重的一部分，也是企业经营管理体制的根本所在。员工的个人素质和工作能力将直接影响业务能否顺利进行，员工素质低会威胁客户的资金安全，而员工工作能力不足将给代收货款业务的顺利开展带来隐患。衡量员工管理制度风险大小，可以从物流企业业务员个人信用记录与档案管理、企业各部门各环节制度协调性及制约性入手。

（4）监管能力。监管能力是指，企业对自身日常经营活动的监管能力，具体指代收货款业务流程中，物流企业对业务各个关键环节的监管程度，包括货物运输、货款收缴与货款结算等环节。监管能力强的物流企业能够在运营过程中保持业务的良好运行，信息及时传递与把握，这直接影响企业业务的达成效率。物流企业监管能力的大小，可以通过其企业组织结构、人员规模以及企业日常办公管理信息系统建设体现出来。

（5）业务能力。物流企业的业务能力是指，企业此前相关业务的完成水平，既包括传统物流服务，如仓储、配送、包装等，也包括物流金融服务相关业务的完成情况。如果某物流企业拥有丰富的代收货款业务经验，客户会倾向于选择对业务流程较为熟悉且业务水平高的物流企业进行合作。由此可知，对业务能力的考察可参照物流企业之前业务的完成情况和口碑评价记录。

3. 合作风险

合作风险是指，在代收货款业务过程中，供需双方与物流企业三方之间的合作事前、事中、事后可能发生的诸多风险，主要受到合同标准化制定、约定三方责任、合作密切度、合作信息化程度的综合影响。

（1）合同标准化制定。不规范、不完备的合同对合作三方的约束力不足，也会导致风险的发生。具体指标可以通过合同要件是否齐全进行衡量。

（2）约定责任风险。合同中会对代收货款业务过程中三方企业的具体责任进行约定说明，有些不合理的约定同样会威胁到供需双方企业的利益。例如，货款的结算时效性以及货款的支付方式（一次结清或先押后付等）。

（3）合作密切度。提供代收货款业务的物流企业合作年限越长、合作频率越高，则合作的密切程度也越高，托运企业可以根据此前与物流企业的合作经历对物流企业进行考察，合作次数越多的企业之间合作亲密度越高，更容易掌握对方的真正需求，知己知彼，合作风险也就随之降低。

（4）合作信息化程度。信息化程度主要指，物流企业与供需双方企业之间建立专门的信息平台以保证代收货款业务过程中三方信息交流更加畅通，能够在第一时间获得货物信息及货款信息，确保三方合作的有效开展。

6.1.5 代收货款业务风险控制

1. 推广资金电子化结算

对于需要代收货款业务的发货方企业来说，最担心的就是资金能否安全、按时返还，而解决物流公司挪用货款的最直观的办法就是禁止物流企业拿到现金，防止其挪用。因此，使用移动POS机一类的电子化收款方式，能够有效地降低甚至避免货款风险。通过与中国银联的各大收单机构进行合作，物流企业可将自有的信息管理平台与收单机构结算平台实现系统对接，要求物流企业业务员使用无线POS机上门划卡收费进行货款电子结算。这样一来，收货方将货款以电子方式直接划付给银行，银行在一天之内将货款转付到发货方的账户上，甚至有可能实现货款即时到账，银行之间通过跨行转接系统实现资金划付，整个资金结算过程不涉及现金，有效避免了“短款”“假钞”等问题的发生。这样做不仅可以消除代收货款业务过程中由于现金管理疏漏所带来的货款风险，也可以更加有效地缩短发货企业回款周期。另外，POS机可与物流公司的手持PDA终端合二为一，通过与POS机厂商合作，集成PDA终端的业务核心功能，使得移动POS机除了能够刷卡收款外还具备物流业务管理功能，如取件、派件、退件、签收、查询等，同时，还可内置GPS芯片，及时获取业务员和货物的地理位置信息，实现“人财物”的全面综合监控与管理。

2. 强化物流企业内部管理

物流企业对自身业务的监管不力容易引发风险，为了避免此类风险的发生，物流企业应该从以下四个方面入手强化企业内部管理。

（1）加强员工管理。物流公司业务繁忙，劳动强度大，招收的员工多为临时工，这给物流公司带来很大的管理问题。要解决这一问题，先要在招收新员工时就做好预防工作。入职时要求员工提交身份证件复印件，登记住址和家庭成员信息并进行核实。从事代收货款业务的业务员更要反复核查其是否有犯罪记录，最好要有较为权威的人士做担保。一旦发现有不诚信的员工，应酌情对其作出警告、开除或报警处置。

（2）建立违规处罚机制。物流企业只有建立了全面、详细、明确的违规处罚机制，才能从真正意义上提高企业自身对代收货款业务流程各环节的监管能力。加强对一线业务员的业务操作和技术培训，引入合理的奖惩机制，避免因操作失误引起的不必要损失。一旦发现企业内部有违规行为，应加以严肃处理，情节严重者追究法律责任，坚决维护供需客户企业和物流企业的财物安全。

（3）加强信息系统建设。物流企业应该采用信息手段，如 GPS 定位、手机、客户端软件等方式对代收货款业务的各个环节进行监管，通过完善企业内部电子化办公信息技术平台，采用 IT 技术手段强化对企业各种业务的综合性管理，优化合作信息反馈机制，主动与客户交流合作信息，提高合作信息化程度及合作密切度。

（4）强化加盟商管理。物流企业应当拓宽企业总部的管理权限，加强对加盟商、分公司、网点的经营管理，尤其是涉足物流金融服务，如代收货款业务的加盟网点，应当严格监控其业务操作流程和资金结算方式。事实上，我国快递物流公司的加盟方式松散，自身制度并不规范，这在一定程度上加大了物流企业的管理难度。物流企业应该对加盟商适当提高业务门槛，如引入保险金机制，对想要提供代收货款业务的加盟商收取一定的保证金；对出现信用危机的加盟商应禁止其提供代收货款业务；加强对企业分部负责人信用资质的审查力度等。

3. 建立物流公共信息平台

物流公共信息平台最基础的功能就是公开披露企业的资信信息，以便委托货运双方企业更加全面、直观地考察备选物流企业资质的情况和信用记录。出于对信息平台的公信力度和技术难度的考虑，该物流平台应该由专业的信息技术公司提供 IT 技术支持，物流行业内的专业机构提供业务系统可操作性优化，政府部门出面支持并制定相关政策，使用强制手段严令开展物流金融服务的物流企业使用该平台，并在信息平台上及时并如实公开企业的相关信息。在多方努力下共同搭建而成的物流公共信息平台将具有以下三个作用。

（1）建立物流企业信用记录。信息平台先要披露的就是所有在档物流企业的信用记录，包括其企业财务经营状况、业务能力、企业家信用记录、员工资信档案等，方便客户企业对物流企业进行全方位的考察，同时，也会对物流企业起到一定的鞭策作用，督促其良性发展。

（2）监控业务进行过程中货物状态信息、货款状态信息。物流信息平台还有一个重要作用，即可以实时更新货款的物权转移与控制情况，以及货款的支付与结算情况。在代收货款业务过程中，无论是供需双方企业还是物流企业监管部门，都能够根据已有权限在信息平台上获得货物信息、货款信息，这有利于相关人员对货物信息、货款信息同步追踪，也能零时差获取业务信息反馈。这是实现物流、信息流、资金流一体化的关键，也是建立企业信用记录的基础。

（3）与第四方机构合作，实施电子结算。实现资金电子化结算离不开第四方机构的支持，首要的就是实现物流企业信息平台与支付平台的无缝对接。基于现金难以保存和管理的特点，降低资金风险最有效的手段就是尽量避免现金交易。代收货款业务的特点是现场结算，可以采用多种除现金以外的线下支付方式，如支票、移动支付、POS 机刷卡等，时下颇为流行的支付宝转账和微信“面对面”收款也可以作为货款结算的新方法。物流信息平台同样也能为此类新型支付方式提供系统的标准化接口、技术支持和业务连通。

4. 加大行业协会监管力度

物流行业作为服务行业，业务涉及主体较多，尤其当物流企业开展金融增值服务后，业务流程更加复杂，其中各个环节涉及的执法部门繁多，但真正对行业起到的管理作用却非常有限。

物流行业协会应当发挥自身作用，加大对物流市场的监管力度，从提高物流行业的企业准入标准以及企业开展代收货款业务的准入门槛，到对物流企业及物流金融服务进行定期抽查或不定期抽查，严格监控，确保物流行业能够朝着有序、良性方向发展。同时，行业协会还应发挥自身专业化的特点，尽快建立企业代收货款业务操作标准，优化业务具体运作模式，统一业务合同规范，对多方企业的合作方式、约定责任风险、货款结算期限与方式、物流企业劳务收费等合作细节作出明确规定，对市场上现行代收货款业务的多种模式和操作流程实行统一要求。物流行业协会应当充分重视代收货款业务，针对这一业务的特点制定相应的行业标准，并强制要求物流企业实施。

6.2　垫付货款

垫付货款的物流金融服务是指，当物流公司为供应商承运一批货物时，物流公司根据采购商的信用额度预付部分货款或全部货款，待物流公司将货物送达采购商，收取采购商货款之后，再付清全部货款。采购商的信用额度会随着企业信用记录的不断增多而不断累积，这类似于个人信用卡。

垫付货款模式常用于 B2B 业务中，供应商委托物流企业送货，物流企业垫付扣除物流费用的部分货款或者全部货款，物流企业向采购商交货，根据供应商的委托，同时向采购商收取供应商的应收账款，最后是物流企业与供应商结清货款。

物流公司通过为采购商垫资服务及为供应商代收货款服务增强了对购销双方的吸引力，以特色服务扩大了对市场的占有，同时增加传统的物流服务业务量并获取新业务的收益。而供应商在货物交付物流公司运输时就获得一部分预付款，这部分款项可以直接投入生产经营，减少了在途货物对资金的占用，提高了运营效率。

垫付货款业务根据是否有金融机构的参与，分成两种模式，具体如下。

6.2.1 由物流企业垫付货款的业务操作模式

在由物流企业垫付货款的业务操作模式中，供应商与采购商先签订《购销合同》，物流企业与供应商签订《物流服务合同》，并在合同中规定供应商无条件承担回购义务。

由物流企业垫付货款的业务流程，见图 6－2。供应商向物流企业交付货物，物流企业在承运货物时垫付扣除物流费用的部分货款或全部货款。物流企业将货物运抵采购商，采购商支付货款。物流企业向采购商释放货物。在一定期限后，物流企业与供应商结清货款。如果采购商拒绝支付货款，物流企业有权要求供应商回购货物。这样既可以消除供应商资金积压的困扰，又可以缓解采购商部分预付款的压力。对物流企业而言，其盈利点是将客户利益与自身利益紧密连在一起，能够巩固与上下游客户之间的合作关系。

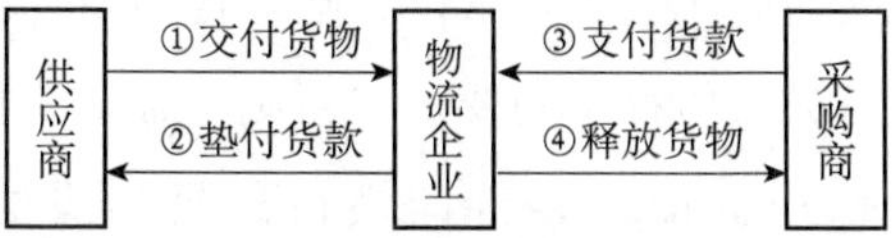

图6－2　由物流企业垫付货款的业务流程

6.2.2　由金融机构垫付货款的业务模式流程

如果物流企业没有雄厚的资金实力开展垫付货款业务，就需要引入金融机构作为第四方。

由金融机构垫付货款的业务模式流程，如图6－3所示。供应商向物流企业交货并支付配送费及服务费。在货物运输过程中，供应商将货权凭证转移给金融机构。物流企业为金融机构提供货物信息。金融机构根据市场情况按一定比例提供融资，为供应商垫付货款。当采购商向金融机构付清货款后，金融机构为其开出提货单，并向物流企业发出放货指令。物流企业向采购商释放货物。如果采购商不能在规定的期限内向金融机构偿还货款，金融机构可以在市场上拍卖变现货物或者要求供应商无条件承担回购义务。

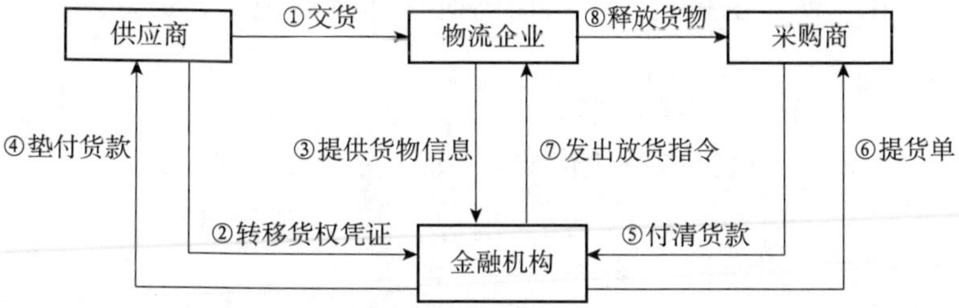

图6－3　由金融机构垫付货款的业务模式流程

在金融机构参与的垫付货款模式中，发货方实际上是把货物质押给金融机构，货物的市场价格变动将直接影响质押金额和金融机构的利益，所以在签订协议时应明确规定当货物市值发生波动下跌幅度达到贷款发放日市值的10%时，金融机构有权要求供应商在接到通知后3个工作日内，必须提前偿还部分贷款以保证达到双方约定最高质押率的要求。否则，金融机构有权自行处置质押货物，供应商应无条件向银行出具相应的增值税专用发票。

在金融机构参与的垫付货款模式中，物流企业扮演的角色有以下几种。第一，金融机构为了控制风险，需要了解质押货物的规格、型号、质量、原价净值、销售区域、承销商等信息，要查看货权凭证原件，辨别真伪，这些工作超出了其日常业务范畴，自行进行调查又需要较高的成本，这时物流企业可以利用自身的专业优势协助金融机构获得相关信息。第二，货物通常处于不断流动变化的状态，金融机构没有办法了解货物每天的进出变动情况，而维持一定的安全库存水平是金融机构提供融资的底线，如果物流企业能够掌握货物分销环节情况，向金融机构提供货物的流动信息，则可以在很大程度上提高融资限额。而且，商品销售的网点分布、单点销量、平均进货周期、结算信誉度等信息的获取在很大程度上依赖于处于第一线的物流企业，如果物流企业自身拥有完善的信息系统，就可以使整个货物流动和资金周转过程透明化，使金融机构、生产商随时得知货物现状，更好地把握风险。

6.2.3 垫付货款的优缺点

1. 垫付货款的优点

（1）物流企业为银行提供商品信息及商品流动情况，提供了新的增值服务，是新的利润增长点。

（2）融资企业可以更容易地获得融资，有利于企业的长远发展；融资企业将主要精力放在生产环节和销售环节，有利于供应链整体效率的提高。

（3）银行因为物流企业提供的商品信息，大大降低了银行的操作风险，能更好地为融资企业提供融资服务。

2. 垫付货款的缺点

（1）物流公司必须全面参与融资企业的业务活动，掌握商品的流动情况，并且对商品的市场销售情况也要有所了解，要求物流企业有完善的信息系统，建立自己的数据库。

（2）融资企业必须依赖物流企业和金融机构开展业务。

（3）银行要根据物流企业提供的商品信息及商品的流动情况之类的信息，来确定向供应商提供贷款，间接向融资企业融资，所以离不开物流企业的支持。

复习思考题

1. 物流结算业务主要包括哪些模式。
2. 代收货款的业务风险识别与控制。
3. 垫付货款的优缺点。

第 7 章

基于存货的业务模式

基于存货的业务模式是以符合质押要求的货物作为授信条件，物流企业作为质押物监管方，银行等金融机构作为资金提供方，向缺乏资金的企业客户提供的融资服务业务。该业务集融资、结算等多项服务于一体，通过金融机构、物流企业及贷款企业等参与方之间的协作，实现资金流、物流、信息流的互补，有助于提升供应链资金周转效率，降低融资成本，达到多方共赢的目的。

基于存货的业务模式属于短期质押贷款，贷款周期一般为 3～12 个月。基于存货的业务模式区别于其他商业贷款的一个重要特点是，该业务把流动货物或者是存货作为质押，基本上不影响企业运作，顺利解决了企业资金占用和融资的问题。

按照不同的对象进行划分，基于存货的业务模式具有不同的分类方式，具体内容如下。

按照质押对象进行划分，包括两种业务形式：一是仓单质押融资业务；二是存货质押融资业务。根据中华人民共和国国家标准《物流术语》（GB/T 18354—2006）的定义，仓单质押融资是指，出质人以仓储保管人出具给存货人的仓单为质物，向质权人申请贷款的业务，保管人对仓单的真实性和唯一性负责，是物流企业参与下的权利质押业务；存货质押融资是指，需要融资的企业（即借方），将其拥有的存货作为质物，向资金提供企业（即贷方）出质，同时将质物转交给具有合法保管存货资格的物流企业（中介方）进行保管，以获得贷方贷款的业务活动，是物流企业参与下的动产质押业务。

7.1　存货质押融资

7.1.1　认识质押

1. 质押的概念

质押是指，债务人或第三人将其动产或有价证券、知识产权等权力凭证，移交债权人占有，作为债务人履行债务的担保。债务履行期届满，债务人不履行债务的，债权人有权依照法律规定，对质押的财产折价、拍卖、变卖或者行使证券权力、知识产权，以所得价款或者依法取得的财产，使自己的债权优先受偿。在质押法律关系中，主体是出质人、质权人，客体是动产和适于质押的权利，内容是指主体双方的权利义务。

2. 质押的特征

（1）担保物权。因质权是为担保债权而设定的，故其为担保物权。这是质权与抵押权、留置权等担保物权的相似之处，也是质权不同于用益物权之处。质权虽为物权，但其是对标的物的交换价值加以直接且排他的支配权。因此，无论质权的标的为实物动产还是权利，质权的内容都在于对其交换价值的支配。

（2）从属权。质权为以担保债权为目的的权利，它与所担保的债权形成主从关系。被担保的主债权为主权利，担保主权利的质权为从权利。质权的从属性表现在三个方面：一是存在上的从属性。质权以主债权的存在为其存在前提，在主债权无效或由于其他原因而不存在时，质权也不能存在；二是转让上的从属性。在主债权转让时，质权也随之移转；三是消灭上的从属性。主债权消灭，质权也随之消灭。

（3）不可分性。质权设定后，债权人就质押财产的全部行使其权利，质押财产分割、部分让与，债权分割、部分让与或部分清偿，均不影响质押权的存在。质权效力及于被担保债权的全部，及于标的全部，即质权人如债权本金或利息有一部分未受清偿，也有留置及拍卖标的的权利，这是质权的不可分性。

（4）代位性与保全性。质权人有权采取必要措施以保全质押财产的价值。质权的物上代位性是当标的灭失损毁而受到赔偿时（包括损害赔偿金与保险赔偿金），质权人有权就赔偿金优先受偿。质权的保全性是当质押财产的价值非因质权人的过失而减少，足以危害质权人权利时，质权人有权就质押财产减少的价值要求质押人提供相应的担保。

3. 质押关系中的当事人

（1）出质人：①债务人。债务人是主债的当事人，在一般情况下，先履行义务方在不能肯定对方也能完全履行义务时，可要求对方提供担保，质押是担保的一种，向主债的对方当事人提供担保的一方属于后履行义务或履行义务能力弱者，在质押关系中称为债务人。②第三人。第三人是与主债的债务人之间有长期或临时的合作关系，彼此签订动产质押协议，该协议中第三人是义务方，主债的债务人是受益人，当需要承担担保义务时，由第三人代为履行，第三人以其质物价值补偿债权人后，再请求债务人补偿质物的价值。第三人财产质押合同的当事人通常涉及三人法律关系：主债法律关系、担保法律关系和追偿法律关系。

（2）质权人。质权人指，主债的一方当事人，由其先履行义务，或者履行义务的能力明显比对方强，所以称为债权人；债权人接受对方提供的财产质押或权利质押，享有质押的担保权利，所以称为质权人。质权人在债务人不履行主债的义务时，有权以质物折价或者拍卖、变卖所得价款赔偿自己的损失。

4. 可质押的财产和权利

（1）可质押的财产。可质押的财产主要包括可以强制执行的动产，不包括房屋等建筑物和土地使用权，也不包括个人生活必需品。房屋等建筑物和土地使用权属于抵押担保范围，个人生活必需品属于法律规定不可强制执行的财产。

（2）可质押的权利。《中华人民共和国民法典》第四百四十条规定，债务人或者第三人有权处分的下列权利可以出质：（一）汇票、本票、支票；（二）债券、存款单；（三）仓单、提单；（四）可以转让的基金份额、股权；（五）可以转让的注册商标专用权、专利权、著作权等知识产权中的财产权；（六）现有的以及将有的应收账款；（七）法律、行政法规规定可以出质的其他财产权利。

5. 质押的种类

质押的种类可以分为两种：一种是动产质押；另一种是权利质押。

（1）动产质押。动产质押是指，债务人或者第三人将其动产移交债权人占有，将该动产作为债权的担保。债务人不履行债务时，债权人有权依照本法规定以该动产折价或者以拍卖、变卖该动产的价款优先受偿。

动产质押的法律性质：担保的财产是动产，动产在法律上的含义是指，可以随意移动的有使用价值和市场价值的财产，不包括房屋等建筑物和土地使用权，也不包括各种有价证券和无形财产权利。质权人对质押财产（质物）只有占有权，没有使用权。质权人对质物没有所有权，但在满足担保条件时，有权处分质物，并以处分所得价款优先受偿。

（2）权利质押。权利质押的概念：权利质押是指，以权利为标的而设立的质押。权利质押与动产质押一样，成为质押的主要形式。

权利质押的特征：作为质物的财产不是实体物，而是一种权利，出质人交付的只是一种权利凭证。作为质物的权利必须是可转让的财产权。权利质押的质物有限制，并非任何权利都可质押。有些权利质押合同的生效必须经过登记，否则无效。

权利质押的客体：权利质押的客体是指，可以充当权利质押合同标的的财产，由于权利一般记载于一定的文件中，或登记在权威方监管的财产档案中，权利质押必须严格遵守法律的规定才能使权利质押的客体合法化，并使这些权利发挥积极的社会意义。

《中华人民共和国民法典》第四百四十条规定，汇票、本票、支票、债券、存款单、仓单、提单可以出质，这七种单据都属于有价证券，分别由银行、公司等机构开出，只要到期就能变现为现金，或由持票人将票据所代表的财产提走。在未到期前，这些票据单证可以贴现或折价转让，持票人要提前获得资金就可能有一些利息损失。所以，有些持票人不愿意贴现，也不愿意转让这些有价证券，而是采用质押形式将这些证券交付给债权人保管，并取得一定的资金效益。债权人因为拥有有价证券的占有权，其债权得到最充分的保障，也很愿意接受这种担保，这是最常见的权利质押。

6. 质押和抵押的区别

质押和抵押的根本区别，在于是否转移担保财产的占有。

抵押不转移对抵押物的占管形态，仍由抵押人负责抵押物的保管；质押改变了质押物的占管形态，由质权人负责对质押物进行保管。一般来说，抵押物毁损或价值减少，由抵押人承担责任，质押物毁损或价值减少由质权人承担责任。债权人对抵押物不具有直接处置权，需要与抵押人协商或通过起诉由法院判决后完成抵押物的处置；对质押物的处置不需要经过协商或法院判决，超过合同规定的时间质权人就可以处置。质押贷款与抵押贷款道理是一样的。

7.1.2　存货质押融资业务的含义与特点

1. 存货质押融资业务的含义

按照中华人民共和国国家标准《物流术语》（GB/T 183454—2006），存货质押融资是指，需要融资的企业（即借方），将其拥有的存货作为质物，向资金提供企业（即贷方）出质，同时将质物转交给具有合法保管存货资格的物流企业（中介方）进行保管，以获得贷方贷款的业务活动，是物流企业参与下的动产质押业务。

2. 存货质押融资业务的特点

对于有着融资需求的中小企业来说，不动产的缺乏使其难以获得银行贷款。而在经济发达国家，存货质押融资业务已经开展得相当成熟。在美国等发达国家，70%的担保来自以应收账款和存货为主的动产担保。存货质押融资是中小企业以原材料、半成品和产成品等存货作为质押向金融机构融资的业务。和传统银行贷款集中在不动产抵押或者第三方担保公司担保相比，存货质押融资是利用企业与上下游企业真实的贸易行为中的动产为质押从银行等金融机构获得贷款。根据《中华人民共和国民法典》，用作质押的存货范围已经得到很大程度的扩展。采购阶段中的原材料、生产阶段的半成品、销售阶段的产品、企业拥有的机械设备等都可以当作存货质押的担保物。在操作过程中，物流企业作为监管方参与进来，银行、融资企业和物流企业签订三方合同，银行为中小企业提供短期贷款。

7.1.3 存货质押融资业务的分类

存货质押融资模式是最基础的产品，也是目前被金融机构广泛应用的产品。融资企业以自有动产或第三方合法拥有的动产作质押，不仅方便操作而且可以降低融资风险。按照不同的分类标准可以分成不同的融资模式，具体分析如下：

1. 按照监管地点的不同可以分为库内监管和库外监管

库内监管是指，物流企业有自己的仓库，融资企业将存货放在物流企业自有仓库内进行监管。库外监管是指，将融资企业的存货放在第三方仓库或融资企业仓库进行监管。

从客户服务的角度出发，为了降低物流成本，与库内监管相对应，出现了库外监管方式，即异地存储的存货质押融资业务。由物流企业选择距离客户最近并且符合业务要求的物流企业作为合作伙伴，该合作企业只接受物流企业与银行共同签章的发货指令。

2. 根据质物的形态数量是否改变分为静态存货质押融资业务和动态存货质押融资业务

在静态存货质押融资模式下，融资企业一次性将质物质押给银行，银行向企业发放短期贷款。在贷款周期内，质物进入物流企业仓库并由物流企业代替银行全权控制。其特点是，业务控制过程按照单笔业务进行管理，一批质押存货对应一个业务合同，不存在货物置换的行为。同时，在质押业务过程中往往会将质押存货冻结，等到融资企业偿还贷款后才予以解冻。这种模式在业务操作上比较烦琐，当融资企业需要开展多笔质押业务时，业务操作处理过程的不顺畅会更加明显，常常不能很好地支持融资企业的生产和运作。因此，静态存货质押融资业务往往很少使用，动态存货质押融资业务则是银行采用的主要质押授信产品。

相对于静态存货质押融资模式，动态存货质押融资模式主要采取核定货值从而采取总量控制的原则，即对客户用来担保的存货价值设置一个安全界限，所质押存货的价值不能低于这个界限，高于这个界限的存货，客户可以自由提取和销售。在这一模式下，客户既可以货易货，也可以款易货，日常生产经营活动受到的限制就小多了。而且，一般企业在授信期内不用追加保证金赎货，企业靠存货融资的益处非常明显。

虽然动态存货质押融资相对于静态存货质押融资来说较为灵活，但银行往往出于风险考虑和贷款方便，对企业用来质押的存货品种有一定限制。银行倾向于质押货物的品类较为一致，比如，钢管、钢材等货物的价值比较容易核定，以及有色金属、黑色金属、木材等品种。在质押率方面，不同种类的存货、不同的银行都会设置不同的质押率。一般而言，原材料比较容易变现，质押率比较高，产成品市场价值虽然高，但相对来说不易变现，所以质押率会低一些。

3. 按照授信对象进行划分，可以分为委托监管和统一授信两种方式

在委托监管方式中，银行等金融机构、物流企业和融资企业签订三方合作协议，银行等金融机构与融资企业发生借贷关系，物流企业负责货物的监管和信息服务等工作。在现实中，由于物流企业可以掌握货物流通和企业的许多信息，从而在风险控制方面有明显的优势。因此，一些银行采取简单的操作办法，将风险管理的重点放在物流企业身上。统一授信正是在这种情况下发展起来的业务模式。这里，银行根据与其长期合作的物流企业的经营状况、资产负债比率、规模大小以及信用等级等条件，授予物流企业一定的贷款额度，物流企业直接利用这些信用额度向相关中小企业提供灵活的质押贷款，从而实现了多方共赢，扩展了存

货质押融资业务的范围。

4. 按照有无货权可以分为现货质押融资模式和未来货权质押融资模式

现货质押融资模式是指，融资企业将已有货权的货物质押给银行，并将货物交给指定仓库监管，企业对该批货物不能自主提货，在授信项下，每一次赎货都要求企业及时补足相当于现货的保证金，由银行开具提货单，仓库按指令发货。此种业务模式又可细分为库外监管、库内监管、动态存货质押、静态存货质押等具体方式。

未来货权质押融资模式是指，融资企业在向上游企业购买货物时，先向银行缴纳一定比例的保证金，其余部分承诺以未来货权（提单、货物）提供质押担保，银行通过控制或占有销售合同、提单、水/陆货运单、保险单据等方式来监控货物。银行为客户提供的开立银行承兑汇票、信用证、商业承兑汇票等短期融资授信业务，适用于预付款类业务。对于国内贸易预付款融资方式下先票（款、证）后货业务模式，宜审慎考察供货商，并须与供货方、借款申请人签订合作协议，内容至少包括：承诺收票（款）后，及时发送合同约定额的货物；发送货物时，必须以银行为代理收货人，将货物发送到银行指定的收货仓库；不能及时、足额交付货物时，必须承诺无条件将相应款项退还给银行。

7.1.4 存货质押融资业务的相关主体

存货质押融资业务主要涉及三类主体，分别是融资企业（借方）、金融机构（贷方）以及物流企业（中介方）。下面，将一一介绍每一主体的职责与基本要求。

1. 融资企业

由于存货质押融资远比一般法人客户融资复杂，因此，银行往往对借款申请人的要求更高。

（1）基本要求：融资企业应与金融机构、物流企业签订协议；融资企业提供的信息必须真实；具有高效、准确的信息管理设备、技术，具有与中介方实现实时通信的能力；具有良好的资信，近 3 年内无严重违法行为记录。

（2）业务要求：保证用于物流金融业务的质物不被扣押和查封，在所有权上不存在共有等有争议的问题；根据合同约定，借方在保持库存货物量不低于合同约定的最低数量和价值的情况下，可以提取、使用和处分超过约定最低数量的部分动产质物；按照合同约定，在贷款合同到期之前向贷方还款付息；按照合同约定，在库存货物价值明显减少时，收到贷方通知后及时补货；按照合同约定，向中介方支付质物保管、进出库、搬运等服务费用。

（3）不同类型企业的要求：对于贸易型企业，应具备进货渠道和销售渠道通畅稳定、行业经验丰富、无不良资信记录或有银行认可的核心生产企业的分销商等条件，专业进出口公司需无逃汇、套汇、骗税、走私等不良资信状况。对于生产加工型企业，要具备生产经营正常、主导产品销售顺利、应收账款周转速度及存货周转率不低于行业平均水平、无不良资信记录等条件。

2. 物流企业

物流企业是在物流金融业务中进行质物监管，并具有货物保管条件的合法经营主体。

（1）基本要求：一定规模的堆场、库房；有存储物流金融业务指定质物的条件、设备完好、计量符合规定要求；严格、完善的商品检验制度、化验制度和对质物的管理制度；拥有高效、准确的信息管理设备和技术，具有与贷方、借方实现实时通信的能力；具有良好的商誉和较强的抗风险能力；其他从事物流金融业务需要的条件。

（2）业务要求：物流企业作为金融业务的重要参与方，在物流金融业务中提供以下服务：为每笔物流金融业务的质物提供存储场地；根据贷方要求，控制质物出入库；监控货物的出入库，监管质物的种类、品质、总数量，确保借方存货下限不低于贷方要求的最低数量；质物进出库时，验收、计量并做详细记录；严格审核货物质量，以免以假乱真、以次充优，确保货物在流动过程中是同质的；对质物进行保管养护，对其数量、质量进行管理控制，确保质物安全、不变质；向贷方报告每一笔出入库情况；向借方报告保管在中介方的质物详细情况；负责赔偿因中介方管理不善造成的损失。

3. 金融机构

金融机构是在物流金融业务中提供资金的企业。

（1）基本要求如下：有经营许可证；资金充足；具有良好的商业信誉、完善的规章制度，近三年内无严重违法行为记录；具有高效、准确的信息管理设备和技术，具有与中介方实现实时通信的能力。

（2）业务要求包括：有一定的资金，保障贷款工作正常进行；向物流企业发出货物出入库指令；评估待质押货物的价值，必要时可通过专业的第三方评估机构进行价值评估；确定质押货物的质押比率；跟踪质物价格的变化；为融资企业提供合同约定的款项；在融资企业归还部分贷款时，降低存货量限制；在融资企业归还全部贷款时，归还仓单或者撤销对货物禁止放行的指令；在国家调整贷款利率时，要及时通知融资企业，融资企业和金融机构应协商或按合同约定解决；质物价值低于预警线时，通知融资企业追加质物数量在融资企业逾期不还款时，可以拍卖、出售质物，并向借方追索不足款项。

7.1.5　存货质押融资业务的流程

1. 静态存货质押融资业务

(1) 静态存货质押融资业务流程图

静态存货质押融资业务流程，见图7-1。

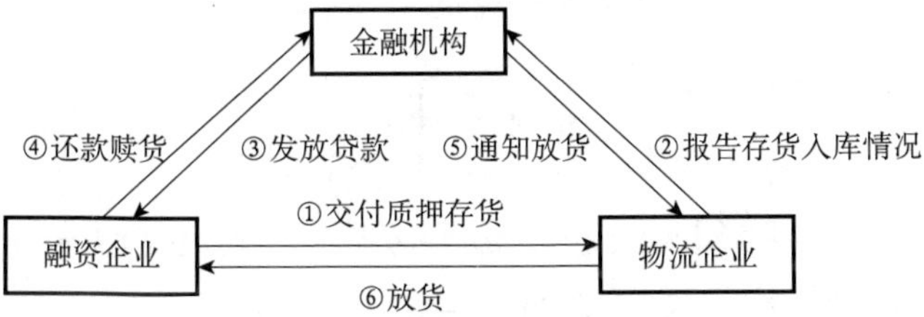

图7-1　静态存货质押融资业务流程

首先，融资企业向金融机构提出借款需求，并在该金融机构开立贷款账户，签订借款协议；其次，融资企业、金融机构、物流企业应签订三方合作协议，协议规定质押对象、质押期限、质押率、仓储费用、存货控制方式等。具体业务操作流程如下：融资企业向物流企业交付质押存货；物流企业验收货物后向金融机构报告存货入库情况；金融机构按质押额向融资企业发放贷款；融资企业向金融机构偿还贷款并申请赎货；金融机构根据收款多少，通知物流企业放货；物流企业根据金融机构的放行指令，为融资企业放货。

(2) 优缺点。优点：有利于融资企业盘活积压的存货，扩大经营规模；不允许以货易货，银行的风险相对较低。缺点：这种模式在业务操作上比较烦琐，当融资企业需要开展多笔质押业务时，业务操作处理过程的不顺畅会更加明显，常常不能很好地支持融资企业的生产和运作。

2. 动态存货质押融资业务

动态存货质押融资与静态存货质押融资相比，允许以货易货。融资企业将存货质押给金融机构时，规定了融资企业保有质押存货的最低库存，在保证质押存货最低库存的前提下，只要入库的存货与原有存货同类、同质，融资企业就可以自由办理以货易货，在此基础上，融资企业可以通过质押的存货办理各种短期授信业务。对于低于最低库存临界点的货物，融资企业必须补足保证金或归还融资款后方可提取。

动态存货质押业务流程，见图7－2。

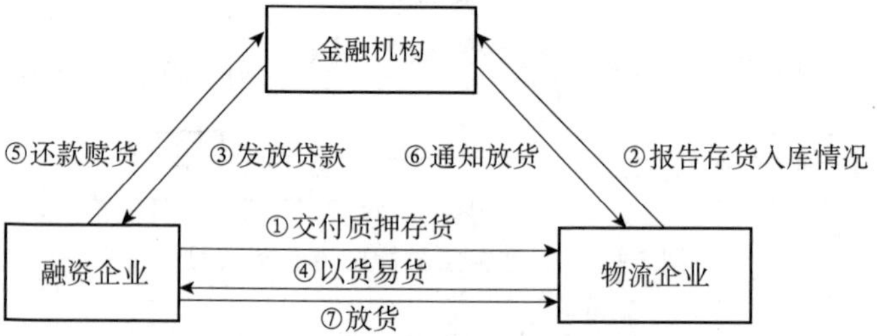

图7－2 动态存货质押业务流程

融资企业、金融机构与物流企业达成动态存货质押融资合同，融资企业向物流企业交付质押存货。物流企业向金融机构报告存货入库情况。金融机构向融资企业发放贷款。在满足最低存货的前提下，融资企业可以以货易货。融资企业向金融机构偿还贷款并申请赎货，金融机构通知物流企业放货，物流企业根据通知向融资企业放货。

7.1.6 存货质押融资业务控制流程

存货质押融资业务控制主要采取过程控制的理念，因此，对其业务风险进行有效控制需要针对业务的流程进行。存货质押融资业务在实际发展中有多种模式，但从总体流程来看，从贷款业务开始到结束，存货质押融资业务控制流程一般经历以下几个环节，如图7－3所示，该流程图以委托监管模式为例进行说明。

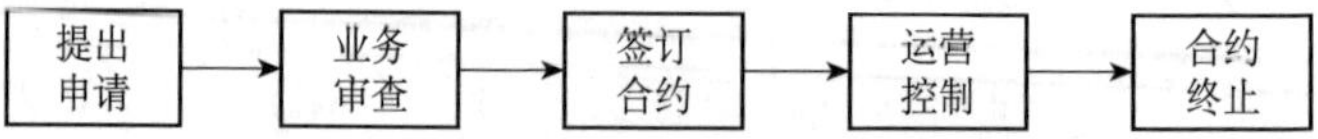

图7－3 存货质押融资业务控制流程

1. 提出申请

融资企业在充分了解存货质押融资的基础上，向银行提出存货融资业务的贷款申请。

2. 业务审查

银行选定合适的物流企业，并与物流公司合作对融资企业提供质押存货以及对融资企业本身资信状况进行审查筛选，最终综合确定能否开展存货质押融资业务。

3. 合约签订

通过审查后，银行同意融资企业成为质押贷款客户，在银行开设专门账户，并由银行、物流公司、融资企业三方签订合约，在合约中规定相应的业务运营流程、关键控制指标、具体监控方案和各方的权利义务等。

4. 运营控制

银行综合审核所有相关资料，对质押存货的总价值进行评估，并按照合约中约定的质押率对企业发放贷款，贷款直接发放到融资企业在银行开设的封闭式账户中。经银行批准，融资企业将质押存货发送至物流企业仓库，由物流企业审核后开具入库单。融资企业从银行得到的贷款按照合约规定专款专用，不得挪用，并接受物流公司监督。物流公司负责控制质物销售过程中的出入库和其他物流操作，并向银行汇报质押物的各种信息，包括出入库情况、价格波动情况等。

5. 合约终止

每笔质押贷款业务终了，银行负责清算。银行通过融资企业在银行所设账户收回贷款本息，并将物流企业应得的各项服务费用划入物流公司在银行所设账户，在扣除本息余额、储运费用、手续费、监管费等后全额返还给融资企业，合约终止。

7.2 仓单质押融资

7.2.1 认识仓单

1. 仓单的概念

仓单是指，仓储保管人在与存货人签订仓储保管合同的基础上，按照行业惯例，以表面审查、外观查验为一般原则，对存货人所交付的仓储物品进行验收之后出具的记载仓储货物所有权的唯一合法的物权凭证，仓单持有人随时可以凭仓单直接向仓储方提取仓储货物。

2. 仓单类型

（1）通用仓储仓单：用于普通仓储业务中的仓单。仓储物的出库单、入库单都视为仓单。

（2）金融仓储仓单：用于企业融资货物质押、货物转让、期货交割的仓单，与货物共同整进整出的仓单。

3. 仓单的作用

（1）保管人向存货人出具的货物收据。当存货人交付的仓储物经保管人验收后，保管人就向存货人填发仓单，它是保管人已经按照仓单所载状况收到货物的证据。

（2）仓储合同存在的证明。仓单是存货人与保管人双方订立的仓储合同存在的一种证明，只要签发仓单，就证明了合同的存在。

（3）货物所有权的凭证。仓单代表了仓单上所列货物，谁占有仓单就等于占有该货物，仓单持有人有权要求保管人返还货物，有权处理仓单所列的货物。存货人取得仓单后，即意味着取得了仓储物的所有权。仓单发生转移，仓储物的所有权也发生转移。

（4）提取仓储物的凭证。仓单是持有人向保管人提取仓储物时应当出示的凭证。保管人一经填发仓单，则持单人对仓储物的受领，应出示并交回仓单。仓单持有人为第三人，而该第三人不出示仓单的，除了其能证明提货身份外，保管人应当拒绝返还仓储物。

4. 仓单的性质

（1）仓单为有价证券。《中华人民共和国民法典》第九百一十条规定，仓单是提取仓储物的凭证。存货人或者仓单持有人在仓单上背书并经保管人签字或者盖章的，可以转让提取仓储物的权利。仓单表明存货人或者仓单持有人对仓储物的交付请求权，故为有价证券。

（2）仓单为要式证券。《中华人民共和国民法典》第九百零九条规定，保管人应在仓单上签名或者盖章。

（3）仓单为物权证券。

（4）仓单为文义证券。文义证券是指，证券上权利义务的范围以证券的文字记载为准。仓单的记载事项决定当事人的权利义务，当事人须依仓单上的记载主张权利义务，故仓单为文义证券。

（5）仓单为自付证券。仓单是由保管人填发的，又由其负担给付义务，故仓单为自付证券。仓单证明存货人已经交付了仓储物且保管人已经收到了仓储物的事实，它作为物品证券，在保管期限届满时，存货人或者仓单持有人可凭仓单提取仓储物，也可以背书的形式转让仓单所代表的权利。

5. 仓单必要记载事项

（1）存货人情况。仓单是记名证券，因此，应当记载“存货人的名称或姓名和住所”。

（2）仓储物情况。在仓单中，有关仓储物的事项必须记载，因为这些事项与当事人的权利义务直接相关。有关仓储物的事项包括，“仓储物的品种、数量、质量、包装及其件数和标记等”。这些事项应当记载准确、详细，以防止发生争议。

（3）“仓储物损耗标准”。仓储物在储存过程中，由于自然因素和货物本身的自然性质可能发生损耗，如干燥、风化、挥发等，就不可避免地会造成仓储物数量的减少。对此，在仓单中应当明确规定仓储物的损耗标准，以免在返还仓储物时发生纠纷。

（4）“储存场所”。储存场所是存放仓储物的地方，仓单上应当明确载明储存场所，以便存货人或仓单持有人能够及时、准确地提取仓储物。同时，也便于确定债务的履行地点。

（5）“储存期限”。储存期限是保管人为存货人储存货物的起止时间。储存期限在仓储合同中十分重要，它不仅是保管人履行保管义务的起止时间，也是存货人或仓单持有人提取仓储物的时间界限。因此，仓单上应当明确储存期限。

（6）“仓储费”。仓储费是保管人为存货人提供仓储保管服务而获得的报酬。仓储合同是有偿合同，仓单上应当载明仓储费的有关事项，如数额、支付方式、支付地点、支付时间等。

（7）保险情况。“仓储物已经办理保险的，应有其保险金额、期间以及保险人的名称”。如果存货人在交付仓储物时已经就仓储物办理了财产保险，则应当将保险的有关情况告知保管人，由保管人在仓单上记载保险金额、期间以及保险公司的名称。

（8）填发情况。保管人在填发仓单时，应当将“填发人、填发地和填发日期”记载于仓单上，以便确定当事人的权利义务。

6. 仓单生效的条件

（1）保管人须在仓单上签字或者盖章。保管人在仓单上签字或者盖章表明保管人对收到存货人交付仓储物的事实进行确认；保管人未签字或者盖章的仓单说明保管人还没有收到存货人交付的仓储物，故该仓单不发生法律效力。当保管人为法人时，由其法定代表人或其授权的代理人及雇员签字；当保管人为其他经济组织时，由其主要负责人签字；当保管人为个体工商户时，由其经营者签字。盖章指加盖保管人单位公章。签字或者盖章由保管人选择其一即可。

（2）仓单须包括一定的法定必要记载事项。《中华人民共和国民法典》第九百零九条规定，仓单的法定必要记载事项共有八项，具体内容和解释如下。

①“存货人的姓名或者名称和住所”。

仓单是记名证券，因此，应当记载存货人的姓名或者名称和住所。

②“仓储物的品种、数量、质量、包装及其件数和标记”。

在仓单中，有关仓储物的事项必须记载，因为这些事项与当事人的权利、义务直接相关。有关仓储物的事项包括仓储物的品种、数量、质量、包装、件数和标记等。这些事项应当记载准确、详细，以防发生争议。

③“仓储物的损耗标准”。

仓储物在储存过程中，由于自然因素和货物本身的自然性质可能发生损耗，如干燥风化、挥发等，这就不可避免地会造成仓储物数量上的减少。对此，在仓单中应当明确规定仓储物的损耗标准，以免在返还仓储物时发生纠纷。

④“储存场所”。

储存场所是存放仓储物的地方。仓单上应当明确载明储存场所，以便存货人或仓单持有人能够及时、准确地提取仓储物。同时，也便于确定债务的履行地点。

⑤“储存期限”。

储存期限是保管人为存货人储存货物的起止时间。储存期限在仓储合同中十分重要，它不仅是保管人履行保管义务的起止时间，也是存货人或仓单持有人提取仓储物的时间界限。因此，仓单上应当明确储存期限。

⑥“仓储费”。

仓储费是保管人为存货人提供仓储保管服务而获得的报酬。仓储合同是有偿合同，仓单上应当载明仓储费的有关事项，如数额、支付方式、支付地点、支付时间等。

⑦“仓储物已经办理保险的，其保险金额、期间以及保险人的名称”。

如果存货人在交付仓储物时，已经就仓储物办理了财产保险，则应当将保险的有关情况告知保管人，由保管人在仓单上记载保险金额、期间以及保险公司的名称。

⑧“填发人、填发地和填发日期”。

保管人在填发仓单时应当将自己的名称或姓名以及填发仓单的地点和日期记载于仓单上，以便确定当事人的权利义务。

其中，存货人的名称或者姓名和住所，仓储物的品种、数量、质量、包装、件数和标记，储存场所，填发人、填发地和填发日期四项为绝对必要记载事项，不记载则不发生相应的证券效力。其余四项属于相对必要记载事项，如当事人不记载则按法律的规定来处理。

仓单联数应为三联，包括会计记账联、正本提货联和会计底卡联。常见的仓单为通用仓储仓单和金融仓储仓单。开展仓单质押融资模式中的仓单应指金融仓单。

7.2.2 认识仓单质押

1. 仓单质押的含义

仓单质押是以仓单为标的物而成立的一种质权。仓单质押作为一种新型的服务项目，为仓储企业拓展服务项目，开展多种经营提供了广阔的舞台，特别是在传统仓储企业向现代物流企业转型的过程中，仓单质押作为一种新型的业务应该得到广泛应用。

2. 仓单质押分类

仓单质押按照不同的监管标准，可以分为普通仓单质押和标准仓单质押。

（1）普通仓单质押。普通仓单是指，由物流企业自行制作的仓储物权利凭证。仓单的流动性同出具方企业的信誉直接相关，其变现能力不确定性高。普通仓单质押是指，以普通仓单为标的物而成立的一种质权。

（2）标准仓单质押。标准仓单是指，由期货交易所出具，在指定交割仓库完成入库商品验收、确认合格后签发给货主的，可在交易所流通的实物提货凭证。标准仓单质押是指，以标准仓单为标的物而成立的一种质权。

标准仓单是一份承载商品交易所信誉担保的物权凭证。由于标准仓单的标准化程度高，商品交易所对其制单、物品品质、单据流通、仓储管理、信用评级、资产定价、风险预警等全程严格监管，使得标准仓单具有较高的流动性。

3. 仓单质押的性质

仓单质押为动产质押还是权利质押，学术界有不同的看法。从《中华人民共和国民法典》的规定看，仓单质押是规定在权利质押中的。《中华人民共和国民法典》第四百四十条规定，债务人或者第三人有权处分的下列权利可以出质：（一）汇票、本票、支票；（二）债券、存款单；（三）仓单、提单；（四）可以转让的基金份额、股权；（五）可以转让的注册商标专用权、专利权、著作权等知识产权中的财产权；（六）依法可以质押的现有的以及将有的应收账款；（七）法律、行政法规规定可以出质的其他财产权利。

由此可见，仓单质押应为权利质押的一种。根据《中华人民共和国民法典》第九百一十条规定，存货人或者仓单持有人在仓单上背书并经保管人签名或者盖章的，可以转让提取仓储物的权利。

在仓单质押中，提取仓储物的权利是仓单质押的标的权利。

4. 仓单质押的效力

（1）仓单质押对质权人的效力。一是仓单留置权，仓单设质后，出质人应将仓单背书并交付给质权人占有。债务人未全部清偿债务之前，质权人有权留置仓单而拒绝返还。依质权一般法理，质权人对标的物的占有乃质权的成立要件。而质权人以其对标的物的占有权在债务人未全部清偿之前需留置该标的物，其目的在于迫使债务人从速清偿到期债务。

这种留置在动产质权方面表现得最为明显，因为动产质押的质权人直接占有质权项下的动产，当债务人不能清偿到期债务时，质权人应先留置其所占有的动产，从而才能将该动产变价并优先受偿。而在仓单质押中，质权人占有的是出质人交付的仓单，而不是直接占有仓储物。但是，仓单是提取仓储物的凭证，因此，仓单质押的质权人在债务人不能清偿到期债务时留置仓单，就可以凭其所占有的仓单向保管人请求提取仓储物而进行变价并优先受偿届期债权。

二是质权保全权。在仓单设质后，如果因出质人的原因而使仓储物有所损失时，会危及质权人质权的实现，在此情形下，质权人有保全质权的权利。《中华人民共和国民法典》第九百一十一条规定，保管人根据存货人或者仓单持有人的要求，应当同意其检查仓储物或者提取样品。《中华人民共和国民法典》第九百一十二条规定，保管人发现入库仓储物有变质或者其他损坏的，应当及时通知存货人或者仓单持有人。

从这两条规定并结合《中华人民共和国民法典》中担保物权的有关规定，可以认为，在仓单设质后，因质权人依法占有仓单，因此质权人有权依照《中华人民共和国民法典》的有关规定向仓储物的保管人请求检验仓储物或者提取仓储物的样品，保管人不得拒绝，并且无须征得出质人的同意。质权人在检验仓储物或者提取仓储物的样品后，发现仓储物有毁损或者灭失之虞而将危害质权的，质权人应与出质人协商，由出质人另行提供足额担保，或者由质权人提前实现质权，以此来保全自己的质权。

三是质权实行权。设定质权的目的在于担保特定债权能够顺利获得清偿，因此，在担保债权到期而未能获得清偿时，质权人拥有实现质权的权利，以此作为到期债权不能获如期清偿的救济，从而实现质押担保的目的。这也是仓单质押担保权利人最主要的权能。仓单质押的质权实行权包括两项：一项为仓储物的变价权；另一项为优先受偿权。

四是质权人的义务。质权人的义务主要包括保管仓单和返还仓单。在保管仓单时，因为仓单设质后，出质人要将仓单背书后交付给质权人占有，但质权人对仓单的占有，因出质背书取得的仅为质权，而非为仓储物的所有权。故而因质权人原因而致仓单丢失或者为其他第三人非善意取得，就会使出质人受到损害，因此，质权人负有妥善保管仓单的义务。至于返还仓单，乃为债务人履行了到期债务之后，质权担保的目的即已实现，仓单质押无继续存在的必要和理由，质权人当负有返还仓单的义务。

（2）仓单质押对出质人的效力。仓单质押对出质人的效力主要表现为其对仓储物处分权受到限制。仓单作为一种物权证券，是提取仓储物的凭证，取得仓单意味着取得了仓储物的所有权。但仓单一经出质，质权人即占有出质人交付的仓单，此时，质权人取得的并不是仓储物的所有权而仅为质权；对于出质人，因其暂时丧失了对仓单的占有，尽管其对仓储物依然享有所有权，但若想处分该仓储物，则势必会受到限制。出质人若想对仓储物进行处分，应当向质权人另行提供相应的担保，或者经质权人同意而取回仓单，从而实现自己对仓储物的处分权。向质权人提供另外的担保表现为仓单质押消灭；经质权人同意取回仓单，表明质权人对债务人的信用持信任态度而自愿放弃自身债权的担保，法律自无强制的必要。如果此项处分权不受任何限制，则质权人势必陷入无法对质押担保标的物的交换价值进行支配的境地，从而该项权利质权的担保机能便因此而丧失殆尽。

（3）仓单质押对保管人的效力。保管人负有见单即交付仓储物的义务，仓单是提取仓储物的凭证。仓单持有人可以凭借所持有的仓单向保管人请求交付仓储物，而保管人负有交付仓储物的义务。因而，在仓单质押中，当质权人的债权到期不能获得清偿时，质权人便可以向保管人提交仓单请求提取仓储物，从而实现仓单质押担保。从这个意义上讲，仓单质押的效力及于保管人。

保管人享有救济权，仓单持有人提前提取仓储物的，保管人不减收仓储费。因此，质权人在实现质权时，尽管仓储期间尚未届满，保管人也不得拒绝交付仓储物。但是，如果出于质权人提前提取仓储物而尚有未支付的仓储费的，保管人需请求质权人支付未支付的仓储费。当然，质权人因此而付出的支出应当在仓储物的变价之中扣除，由债务人最后负责。若质权实行时，仓储期间已届满，保管人也享有同样的救济权，由质权人先支付逾期仓储费，债务人最后予以补偿。

7.2.3 仓单质押融资

1. 仓单质押融资的含义

根据中华人民共和国国家标准《物流术语》（GB/T18354—

2006）的定义，仓单质押融资是指，出资人以仓储保管人出具给存货人的仓单为质物，向质权人申请贷款的业务，保管人对仓单的真实性和唯一性负责，是物流企业参与下的权利质押业务。仓单质押融资可以分为普通仓单质押融资业务和标准仓单质押融资业务两种。

普通仓单质押融资业务是指，由融资企业以物流企业填发的仓单作为质押，并凭借质物向银行办理各种短期授信业务的融资方式。

标准仓单质押融资业务是指，由融资企业自有标准仓单或第三方拥有的标准仓单作为质物向银行出质，并凭借质物向银行办理各种长短期授信业务的融资方式。

2. 仓单质押融资的特点

仓单质押融资的主要特点，有以下四个方面。

（1）仓单质押融资与特定的生产贸易活动相联系，是一种自偿性贷款。一般地，贷款随货物的销售实现而收回，与具有固定期限的流动资金贷款、抵押贷款相比，周期短、安全性高、流动性强。

（2）适用范围广，仓单质押融资既适用于商品流通企业，又适用于各种生产企业，能够有效地解决企业融资担保难的问题。当企业缺乏合适的固定资产作抵押，又难以找到合适的保证人提供担保时，可用自有存货的仓单作为质押申请贷款。

（3）质押物受限制程度低。与固定资产抵押贷款不同，质押仓单项下货物受限制程度较低，货物允许周转，通常可以采取以银行存款置换仓单和以仓单置换仓单两种方式。质押物受限制程度低，对企业经营的影响也较小。

（4）仓单质押融资业务要求银行有较高的风险监控能力和操作技能。在仓单质押融资业务中，质押物的管控非常重要，由于银行一般不具有对实物商品的专业管理能力，就需要选择有实力、信誉高的专业仓储公司进行合作。同时，银行需要确认仓单是否为完全的货权凭证、银行在处理仓单时的合法地位、质押物价值的评估等问题。

7.2.4 普通仓单质押融资业务

出质人把商品存储在物流企业仓库、本企业仓库或公共仓库中，由仓储监管方向银行开具仓单，银行根据仓单向出质人提供一定比例的贷款，仓储监管方代为监管商品。在通常情况下，都是授信申请人以自己持有的仓单作为质押。

1. 普通仓单质押融资业务的产生

（1）生产企业生存发展的需要。企业在发展过程中面临的最大威胁是流动资金不足。存货占用的大量资金使得企业可能处于流动资金不足的困境，这种资金不足的风险在中小企业发展中更加明显，往往成为制约其发展的“瓶颈”。同时，中小企业规模小、资金缺乏、偿债能力弱，加上经营观念和管理模式相对落后，财产抵押实力不足，没有完整的、令人信服的信用记录，加大了银行投资风险，缩小了中小企业的融资范围。

在解决企业因存货导致大量资金沉淀，同时银行贷款难的问题上，利用金融业务的创新，是一条行之有效的途径。企业现有的资源——仓单、存货等完全可以盘活，变成新鲜血液。利用仓单质押向银行贷款，可以解决企业的经营融资问题，争取更多的流动资金周转，达到实现经营规模扩大和发展，提高经济效益的目的。因此，生产企业生存发展的需要，推动了仓单质押业务的产生和发展。

（2）金融机构降低自身风险的需要。当前，金融机构面临的竞争越来越激烈，为在竞争中获得优势，金融机构（如银行）不断地进行业务创新。仓单质押融资业务可以帮助银行吸引、稳定客户，提供新的放贷机会，扩大银行的经营规模，增强银行的竞争能力。对金融机构而言，在实际融资活动中如何降低风险最为重要。而掌控着企业物流活动的物流企业，应当成为最直接、最有效力的发言者。

企业通过分离、合并、兼并、重组、托管、联营等方式进行产权、经营权的交易，但是作为实际商品的流通渠道却是不变的。作为金融机构的银行为了控制风险，就需要了解抵押物、质押物的规格、型号、质量、原价和净值、销售区域、承销商等，要查看权利凭证原件，辨别真伪。这些工作不仅费时、费力，而且超出了金融机构的日常业务与专业范畴。因此，掌握生产企业与货物具体信息的物流企业应当成为第三方介入融资过程中。所以，金融机构出于降低自身风险的需要，促进了仓单质押贷款业务的产生和发展。

（3）物流企业获取新的竞争优势的需要。现代物流企业往往拥有仓库、堆场、装卸设备、运输车辆等昂贵的物流设施。一方面，这些固定资产的投入在充分显示物流企业实力的同时，也占用物流企业大量的流动资金；另一方面，由于与生产企业的合作有限，物流企业所掌握的运输仓储销售渠道等相关物流信息未能运用到企业价值的增值过程中。现代物流企业可以凭借自身强大的动产实力和广泛的信息资源，深入参与供应链运作的全过程，加深与生产企业及银行的合作，在现有仓单质押贷款的模式下积极开拓新的合作方式，促使物流企业深入应用仓单质押贷款。

2. 普通仓单质押融资业务的原则

仓单质押融资业务从产生到现在，已经得到不断完善和发展。但无论哪种仓单质押的业务类型，若想成功，必须遵守下面三条原则。

（1）合法性原则。开展仓单质押贷款业务，先要做到合法经营，贷款业务要符合国家金融行业、期货行业有关法律法规，符合国家信贷政策。同时，仓单质押贷款的程序要合法，对借款人的资格、还贷能力，信贷资金使用状况，借款手续是否完备等有关事项必须事先审核、事中跟踪，确保每个环节不出现差错。

（2）防范风险原则。银行质押贷款可能面临以下风险：商品的市场价格始终处于不断涨跌过程中，对应仓单的价值也处于不断变化中，如果银行对质押物评估过高，就可能造成借款人还贷不积极；在质押商品的监管方面，由于仓库和银行之间的信息不对称、信息失真或信息滞后，都会导致决策失误，造成质押商品的监管风险等。

（3）审慎确定借款人原则。质押贷款是常规贷款业务之一，也是银行获取盈利的一个途径。银行开展质押贷款既要讲究安全性、流动性，也要注重盈利性。虽然仓单质押贷款经济风险偏低，但银行在办理贷款之前也要慎重选择、审核贷款对象。应本着择优原则、价值保证原则、归还原则确定贷款对象。

3. 风险管理

（1）风险识别。客户资信风险，客户的业务能力、业务量及商品来源的合法性（走私商品有罚没风险）、商品质量等诸多方面对物流公司来说都是潜在的风险。

仓单风险，仓单是质押贷款和提货的凭证，既是有价证券，也是物权证券，但目前仓储企业所开具的仓单还不够规范。如有的仓储企业甚至以入库单作质押凭证，以提货单作提货凭证。因此，必须有科学的管理程序，保证仓单的唯一性与物权凭证属性。

质押物选择风险，并不是所有的商品都适合作仓单质押融资，因为商品在某段时间的价格和质量都会随时发生变化，产生一定程度的风险。因此，要选择价格涨跌幅度不大、质量稳定的品种，如有色金属、大豆等。

商品监管风险，在质押商品的监管方面，仓储企业必须对质押商品的种类、数量、品种进行有效监管，做好防潮、防霉等安全保障，防范货损货差，严格出入库盘点，防止因仓储保管不善而给仓单的持有人造成损失。

内部管理和操作风险，目前我国物流企业的信息化程度有了较大提升，但有些仓库作业还停留在人工作业阶段，会增加内部人员作案和操作失误的机会，进而形成管理风险和操作风险。

（2）风险控制对策。

第一，建立并整合客户信用和金融机构信用。客户资信风险、仓单风险、商品监管风险都和信用有着密切的联系。物流企业作为联结货主与金融机构的服务平台，需要在开展仓单质押业务时建立并整合这些信用。物流企业作为货主的代理人监管仓库中的商品，因此，物流企业需与货主建立信用机制。银行质押贷款业务的开展，是建立在仓单的真实有效性和对物流企业仓库监管的信任之上的。所以，信用的建立是基于物流企业的实力，物流企业可以利用相互信任的关系开展仓单质押业务，完成信用的整合。

第二，加强对仓单的管理。仓单是在物流企业接受存货人存放的商品后，向存货人开具的说明存货情况的存单。这种存单具备特殊的功能和作用，即仓单可以作为一种有价证券进行质押，实现资金融通、辅助完成现货交易、提高交易效率、降低交易成本的功能，仓单是仓单质押融资业务开展的重要法律依据和凭证，因此，必然要求加强对仓单的管理。

第三，限定质押商品的范围并确定价格。首先，限定质押商品的范围，在开展仓单质押融资业务时，融资企业希望质押商品品种、数量和标准化程度不受限制，而金融机构和物流企业要求质押的商品有所限制。因此，物流企业要考虑自身的存储能力、管理水平能否满足客户需求，并协同金融机构做好商品的选择工作。受仓储条件的限制，目前一些开展此项业务的物流企业基本上尽量选择适用广泛、易于处置、价格波动幅度较小且不易变质的商品。随着科学技术的进步和管理经验的丰富，可用于仓单质押的商品种类会不断增加。其次，确定质押商品价格。对商品价值的评估要考虑客户本身的信用和实力、商品自身的属性、该种商品近几年来的市场价格波动情况。质押商品价值目前都是由金融机构确定的，仓储机构作为双方信任的委托代理，在价格确定的过程中也起到提供参考的作用。随着仓单质押融资业务的不断深化和金融机构对仓储企业信任的日益提升，已经有部分业务由仓储企业来确定价格。为预防意外事故和仓库管理不当带来的货差货损、发霉等损失，物流企业还可以联合银行督促货主办理财产保险。物流企业还应加强对质押物价值变化的监测，设置对质押品的价格警戒线，当仓单价值出现变化而低于贷款合同约定的警戒线时，应及时告知金融机构，并立即通知借款人提前偿还部分贷款，以切实保障金融机构权利。

第四，监管和处置质押商品。物流企业作为金融机构和客户双方信任的第三方，在商品的监管环节和处置环节扮演着特殊的角色，负有特殊的责任。所以，在开展仓单质押融资业务时，应尽量使各项手续完备，严格按合同行使权利。首先，仓储环节。要和客户企业签订仓储协议，明确商品的入库验收和养护要求，并开具明确表明商品已抵押、质押给金融机构的专用仓单；向指定的保险公司申请办理仓储物的保险，确保仓储物出现损毁时，保险公司可以赔偿。办理手续完整，要与金融机构签订（不可撤销的协助银行行使质押权保证书），保证仓单与商品存储情况相符、手续完备。遵循金融机构指令，在质押期间，无银行同意不得向借款人或任意第三人发货。权利保证，不以存货方未付有关保管费为由阻挠、干涉、妨碍金融机构行使质押权等。监管到位，客户提货要在金融机构的监管下采取仓单提货。其次，商品处置环节。追加保证金，贷款未到期而市场价格下降时，金融机构通知借款人追加风险保证金，在双方所确定的日期内借款人仍未履行追加义务的，金融机构可委托第三方（很有可能是物流企业）对尚未销售的商品按现行市场价下浮一定比率以尽快实现销售，收回贷款本金。处置质物，贷款到期但监管账户内销售回笼款不足以偿还贷款本息且无其他资金来源作为补充时，金融机构可委托监管方对仓储的相应数量商品按现行市场价下浮一定比率以实现销售处理，直到收回贷款本息。仓单质押货物的处置受市场影响大，需各方事先签订协议就处置方式作出明确规定，确保各方利益。

第五，加快仓储企业的信息化建设，仓储信息化过程是不断改善和优化管理的过程。仓储信息化分为两部分：一是内部管理流程的信息化；二是与合作伙伴、客户以及监管机构协同作业的信息化。内部信息化能优化其“仓储物流”，更好地完成内部的管理和操作；而协同作业信息化能优化其物流网络和服务体系。

信息化有利于防范监守自盗和操作的失误，提高工作效率，提高和客户与银行进行信息沟通和共享的效率，降低物流企业风险和银行风险，方便银行对物流企业的监管，完善为客户提供的物流服务。

4. 业务流程

普通仓单质押融资业务流程，见图 7－4。

融资企业向物流企业交付仓储货物。物流企业向融资企业出具普通仓单。融资企业向金融机构交付仓单，并将仓单作为质物。金融机构向融资企业发放融资款。融资企业向金融机构存入保证金或归还融资款。金融机构向融资企业释放仓单。金融机构向物流企业发出放货指令。物流企业向融资企业放货。

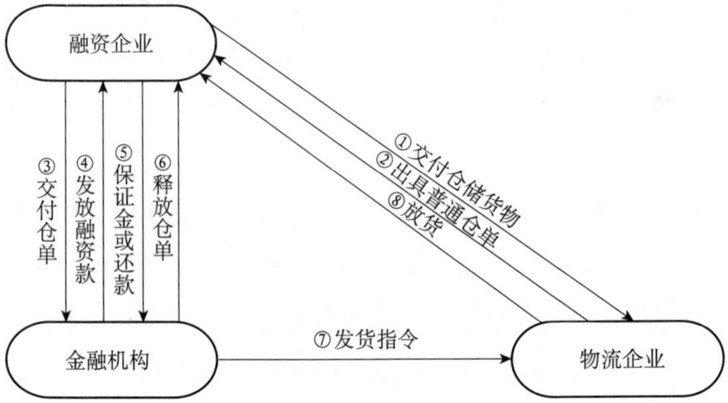

图 7-4 普通仓单质押融资业务流程

普通仓单质押融资业务的优势包括以下三方面。

(1) 利用仓单质押向金融机构贷款，可以解决融资企业经营融资问题，争取更多周转资金，从而扩大经营规模，提高经济效益。

(2) 开展仓单质押融资业务可以增加金融机构放贷的机会，培育金融机构新的经济增长点。同时，因为有了仓单所代表的货物作为质押，金融机构贷款的风险会大大降低。

(3) 物流企业可以利用办理仓单质押融资业务的优势，吸引更多的供应链企业进驻，从而保有稳定的货物存储数量，提高仓库利用率。同时，物流企业还可以借此机会加强基础设施的建设，完善各项配套服务，提升企业的综合竞争力。

7.2.5 标准仓单质押融资业务

标准仓单是指，符合期货交易所统一要求，由指定交割仓库在完成入库商品验收、确认合格后签发给货主并经交易所注册生效的标准化提货凭证。标准仓单隐含交割仓库和期货交易所的信用，流通性和安全性要高于普通仓单。由于期货交易所能够保证标准仓单的提货权利，因此，银行将其作为质物开展业务时，通常不需要对交割仓库和交易所核定额度。

1. 标准仓单质押融资业务开展的现实需求

（1）标准仓单质押融资是商业银行寻求新的利润增长点的内在需求。首先，开展标准仓单质押融资业务有利于商业银行规避经营风险。金融风险的存在将促进质押融资的发展，为改善信贷资产结构提供良好契机。其次，开展标准仓单质押融资业务有利于商业银行拓展新的利润增长点。标准仓单具有流通性好、价值高的特点，因而，商业银行对期货市场标准仓单抱有很大的热情。

（2）仓单质押融资业务是中小企业融资的新渠道。长期以来，由于规模较小，固定资产少，约有80%的中小企业存在贷款难和融资难的问题，探索仓单质押融资业务帮助有需求的中小企业获得贷款。该业务打破了固定资产抵押贷款的传统思维，而且相比传统的融资方式并不会大幅度增加企业融资成本。目前，标准仓单质押产品一般要求价格稳定、变现方便、流动性强，符合要求的质押物涉及有色金属、钢材、化工产品和煤炭、非矿产品、粮食、塑料、棉花、橡胶、纸张、糖业等。中小企业急需资金周转、库存商品过多造成短期流动资金不足，用仓单质押贷款方式可解决融资难的问题，盘活企业资金，增加企业投资机会，深受中小企业欢迎。

2. 标准仓单质押融资业务的特点

从本质上讲，标准仓单质押融资业务属于仓单质押融资的一种，只是质押标的物为标准仓单而已。由于标准仓单本身的特点，以及在产品设计时考虑了市场需求因素而对传统操作模式有所调整，因此，标准仓单质押融资业务相对于非标准仓单质押贷款而言，更易控制风险，也更贴近市场。

具体来说，标准仓单质押融资业务具有以下四大优势。

（1）安全性。标准仓单是期货市场的产物，其标准化程度高，并由期货交易所对标准仓单的生成、流通、管理市值评估、风险预警和对应商品的存储（对指定交割仓库的资格认定、日常管理）等进行严格监管。银行可以直接利用或借鉴期货交易所这些规范的管理机制控制信贷资金风险。而且，期货交易所对标准仓单项下的商品品质有较高的要求，以及严格的质检系统，使得标准仓单具有很好的变现能力。因此，相对于普通仓单质押融资业务而言，标准仓单质押贷款更具安全性。

此外，也可基本排除人们对标准仓单质押融资业务存在的“信贷资金违规进入期货市场”的顾虑：一方面，在贷款资金用途上，已明确规定“贷款资金须用于企业的正常生产经营活动”；另一方面，根据期货交易所相关规则，标准仓单可以在期货交易所质押抵作保证金，且相对于银行质押贷款来说，其办理手续和相关费用更为简单和低廉，因此，申贷客户不存在用信贷资金做期货交易的直接内在需求。

（2）时效性。为了满足客户对贷款时效性的要求，对借款人核定可循环使用信用额度，以简化贷款审批程序，使借款人能够便捷地使用贷款。同时，考虑到标准仓单质押贷款风险的可控性，银行可适当降低对申请可循环使用信用的借款人的信用等级标准。

（3）实用性。由于是短期流动资金贷款，若贷款到期时客户无法做到资金及时回笼，将使银行贷款面临逾期风险。若客户在贷款未到期前，需要在期货交易所交割出货但又没有足够的资金赎回质押仓单时，银行可通过与该客户及其期货经纪公司签订“三方协议”的方式，先释放标准仓单，即将仓单解冻、恢复为流通状态，并委托期货经纪公司持标准仓单到期货交易所进行交割，然后，由该期货经纪公司将交割回笼资金划入客户在银行开立的存款账户，优先用于归还银行的贷款本息。这样做，不但有利于更好地满足客户对银行短期流动资金贷款的切实市场需求，也有利于银行规避贷款逾期的风险。

由于上述委托期货经纪公司持单入场交割划拨回笼货款的操作方式，完全是遵循期货交易规则——会员交易制度，即由会员（期货经纪公司）代理投资者入场（交易所）进行交易、交割，而相应的资金也是在交易所专用结算账户和会员（期货经纪公司）专用资金账户之间进行划转的。因此，第三方——期货经纪公司的引入，使得借款人无法直接控制质押仓单或交割回笼货款，从而可以有效地规避上述变通方式，使银行面临阶段性质物失控的风险。

（4）联动性。从某种意义上讲，标准仓单质押融资的客户是银行与期货经纪公司共同的客户，该项贷款产品的推出，不但能够有效地拓展银行的市场领域，促进金融创新，而且能吸引客户及其期货经纪公司将期货交易保证金账户在该银行开设，从而带动银行期货交易结算等中间业务的发展，提高综合竞争力。

3. 标准仓单质押融资业务风险及防范

（1）标准仓单质押融资业务风险。仓单质押可以参照期货价格与现货价格办理。但是，期货价格具有很强的波动性，受许多复杂因素影响，其走势未必能完全与现货市场的实际情况一致，由于期货价格包含一定持仓成本，往往偏高于现货价格。若以期货价格办理质押，则在确定质押比率或调整质押额度时应考虑这个影响因素。若以现货价格办理质押，则应考虑现货市场的标的物与期货市场是否一致。若不一致，要依据现货市场的等级差对质押比率进行调整。如果银行在与借款人签署协议时参照价格不准，特别是价格偏高时，就会给银行留下风险隐患。

现货市场的价格变化，直接引起仓单内涵价值的变化。质押贷款合同签订后，若仓单对应的商品价格出现大幅度下跌，而贷款合同未做任何调整，没有设立警戒线，就会出现仓单价值低于贷款本金的现象，风险就会随之而来。

银行通过仓单质押一次性放出的贷款在其资本金中所占的比例、在总贷款中所占的比例要按照有关贷款管理制度实施，严格控制。若所占的比例过高，一旦借款人出现经营风险和法律风险，很可能会对银行造成重大影响。

借款人的资信状况在借贷关系中甚为重要，资信不良的借款人可能会给银行造成严重的后果。因为大部分客户以中小生产企业和商贸企业为主，其资质、信用状况直接影响贷款是否能顺利回收。例如，借款人已经资不抵债、仓单作重复质押、假借别人的仓单或伪造仓单、伪造财务报表贷款不按期归还等。银行开展标准仓单质押贷款业务的风险，最终表现在标准仓单的无法兑现。这种情况是出质人的标准仓单无法变现，即当借款人与出质人、标准仓单受让人拒不履行偿还贷款义务且信用很差，此时贷款银行按照交易所的业务规则以及我国相关法律法规的规定又不能直接成为标准仓单的受让人，风险由此产生。

（2）标准仓单质押贷款风险防范，严格审查借款人的资格，借款人近几年来要有良好的经营业绩，有健全的内部管理制度，各项指标符合贷款要求，资产流动性充足，高管人员和主要业务人员无重大不良记录和违规行为，无欠债不还记录。

贷款项目的可行性，贷款人要审查借款人的资金用途，是用于期货套保套利、投机，还是用于其他经营业务。要根据资金投向判断贷款风险大小。

借贷双方要取得期货经纪公司的协助，借款人作为期货市场投资者，在期货经纪公司开有专门的保证金账户，其交易行为完全在期货经纪公司的掌控之下，尤其在贷款资金流入期货市场后，贷款人很难实时了解借款人的资金使用状况。借款人是否用贷款资金去做投机，是否有操纵市场的行为，是否有大盈大亏等，贷款人都需要与期货经纪公司经常保持联系和沟通，以便提前制定对策。一是借款人在资金不能按期归还时，需要期货经纪公司协助对仓单进行处理。目前，由于法律上对银行等金融机构进入期货市场是有限制的，贷款人无论是银行还是其他金融机构一般在期货市场没有交易席位或特别席位。二是当仓单价值出现变化，超过贷款合同约定的警戒线时，需要期货经纪公司及时告知贷款人，立即通知借款人补足质押物的价值缺口或提前偿还部分贷款。三是质押期间，仓单的仓储费用需要期货经纪公司向借款人代扣。

无纸质仓单质押融资业务应取得期货交易所的支持。有纸质仓单，借款人可以随时拿去办理仓单质押融资业务，质押后借款人就无法再转让、交割、提货或在交易所办理质押保证金业务。但是无纸质仓单在办理质押贷款后，若银行等贷款人不通知交易所予以冻结，借款人还可以照常进行转让、交割、提货或在交易所办理质押保证金业务，这就为贷款人增加了许多不确定因素。因此，标准仓单质押融资业务没有交易所的支持是行不通的。

我国物流企业仓单质押监管业务开展以来，为适应不同需求，从静态质押到动态质押，从库内质押到库外质押，从仓储单一环节的质押到供应链多环节的质押，已形成了多样化的仓单质押监管模式，实现了物流、商流、信息流和资金流的有机结合。

4. 标准仓单质押融资业务流程

标准仓单质押融资业务流程，见图 7 - 5。

在期货交易所的监管下，由指定交割库为融资企业开立标准仓单。融资企业向银行交付仓单，并将仓单作为质物。银行与期货交易所协商，并办理质押手续。银行向融资企业发放融资款。

融资企业向银行存入保证金或归还融资款。银行向融资企业释放仓单。

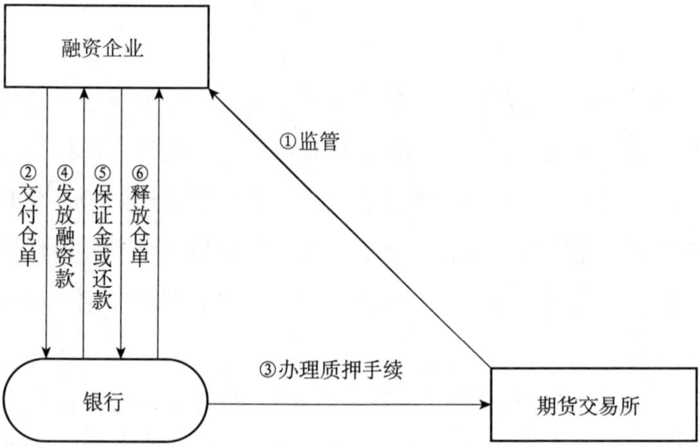

图7-5 标准仓单质押融资业务流程

7.3 融通仓业务模式

7.3.1 认识融通仓

1. 融通仓的概念

融通仓是一种物流和金融集成式的现代化新型创新服务模式，其运作模式下所涉及的物流服务可用来代理银行监管流动资产。其核心关键就是金融服务体系，它能够为企业提供融资及相关的多方物流配套服务。

广义上的融通仓主要是指，在现代化工业文明发展进程中，包括工业经济、服务产业经济在内的所有行业领域，例如，金融业、商贸业、物流业等，最终集成为一种全新的现代化产业，也就是一种跨行业、跨领域发展的综合性第三产业的高级业态。而这个市场行为、经济行为的过程及其实施途径，则是以物流运作为起点，并且将信用担保、电子商务、互联网平台等各行各业整合在一起进行综合开发与综合利用。与广义的融通仓相比较，狭义的融通仓则是特指，以周边中小企业为主要服务对象的企业行为，在这个行为模式运作过程中，以流动商品仓储为基础，并且涵盖中小企业信用整合、物流配送、电子商务为一体的综合性服务平台。融通仓的融，在这里主要是指，金融、金融服务，而通则是指，企业及其供应商物资的流通，仓主要是指，物流的仓储。融通仓对于中小企业的发展尤为重要，在某些方面甚至具有决定企业生存发展命运的地位。关于企业融通仓的主要内容，其主要涉及的领域有物流服务、金融服务、中介服务以及风险管理服务等，将上述四者进行服务间的组合与互动，最终形成了一种现代化的物流与金融集成式创新服务运作模式。融通仓的核心指导思想理念则是，在整个物流的整合与互补关系中，寻求机会、寻求机遇、寻求效益的最大化，其目的则是为了实现与提升顾客服务的质量，进而全面提高企业的经营效率、降低运作成本、拓展服务内容、优化资源配置、增强供应链的行业竞争力。

融通仓业务是物流金融的授信业务，融通仓业务最普遍采用的融资方式是商业银行等金融机构直接授予物流企业一定的贷款额度，额度大小以物流企业的资质、规模大小、信用情况等为依据，然后，再由物流企业直接对接融资企业，开展存货质押、仓单质押等信贷、物流活动。银行等金融机构不直接参与物流金融业务的具体运作，只需物流企业依据有关规定向银行提供完整的信用担保。在这种模式下，物流企业可以在银行授予的信贷额度范围内灵活地开展物流金融业务，省去了银行与融资企业对接时产生的额外交易成本，缩短了融资企业贷款的时间，加速了物流金融业务的开展。融通仓业务把金融业和物流业有机结合，实现了对资金流、商品流和物流以及信息流的集成统一，是一种综合管理的创新。物流企业直接和具有贷款需求的融资企业对接，考察企业的资质、信用等，代表银行等金融机构与客户办理贷款合同的签订。在这个过程中，物流企业为融资企业提供质押融资的同时，利用其专业化的仓储管理优势服务客户。从质押贷款到仓储监管，物流企业进行一体化运作，整合资源，起到了提高物流金融服务效率的作用。

2. 融通仓业务的功能

融通仓业务模式的提出，旨在有效地解决中小企业融资难的现状，由物流企业主导，利用自身的专业优势，对传统的信贷模式进行优化，促使商业银行和中小企业之间能够更好地合作，加强对融资信用风险的管理。

（1）融通仓提供的一体化服务，可以解决质押融资业务的外部条件"瓶颈"。在质押融资业务中，融通仓根据借款人与金融机构签订的质押贷款合同以及与双方签订的仓储协议约定，根据质押货物存储地点的不同，对企业客户提供两种类型的服务。对寄存在融通仓仓储中心的物资提供仓储管理、监管服务；对寄存的质押人经金融机构确认的其他仓库中的物资提供监管服务，必要时才提供仓储管理服务，见表7-1。

表7-1　融通仓服务内容

一体化服务	
物流业务（仓储、监管、配送）	增值配套服务（价值评估、保险与结算代理、商贸）

（2）信用整合与信用再造功能。融通仓作为联结中小企业与金融机构的综合性服务平台，具有整合、再造会员企业信用的重要功能。融通仓与金融机构不断巩固并加强合作关系，依托融通仓设立中小企业信用担保体系，金融机构授予融通仓相当的信贷额度，以便金融机构、融通仓和企业更加灵活地开展质押贷款业务，充分发挥融通仓对中小企业信用的整合功能和再造功能，

帮助中小企业更好地解决融资问题。

融通仓享有金融机构一定的授信额度，融通仓按照中小企业信用担保管理的有关规定和要求向金融机构提供信用担保，金融机构授予融通仓一定的信贷额度。融通仓业务模式有利于企业更加便捷地获得融资，减少原先质押贷款中一些烦琐的环节；有利于融通仓拓展范围，加强企业的客户关系管理，提高对质押贷款全过程监控的能力；有利于金融机构更加灵活地开展质押贷款服务，优化其质押贷款的业务流程和工作环节，降低贷款风险。金融机构根据融通仓仓储中心的规模经营业绩、运营现状，资产负债比例及信用程度，授予融通仓仓储中心一定的信贷额度。融通仓仓储中心可以直接利用这些信贷额度向相关企业提供灵活的质押贷款业务，由融通仓直接监控质押贷款业务的全过程，金融机构则基本上不参与该质押贷款项目的具体运作，融通仓直接和需要质押融资的会员企业接触、沟通和谈判，代表金融机构和贷款企业签订质押借款合同和仓储管理服务协议，向企业提供质押融资的同时，为企业寄存的质物提供仓储管理服务和监管服务，从而将申请贷款和质物仓储两项任务整合操作，提高质押贷款业务的运作效率。融资企业在质物仓储期间需要不断进行补库和出库，在传统的质押融资业务中，企业出具的入库单或出库单需要经过金融机构的确认，然后物流企业根据金融机构的入库通知书或出库通知书进行审核，而现在这些相应的凭证只需要经过融通仓的确认，即融通仓确认的过程就是对这些凭证进行审核的过程，中间简化了金融机构确认、通知、协调和处理等许多环节，缩短了补库操作和出库操作的周期，在保证金融机构信贷安全的前提下，提高了融资企业产销供应链的运作效率。

融通仓构建中小企业信用担保体系。在融通仓业务起步阶段，对于货主企业直接以寄存货物方式向金融机构申请质押贷款是有难度的，融通仓仓储中心可以将其寄存货物作为反担保物，通过担保实现贷款，当融通仓业务全面启动后，融通仓将寄存货物反担保实现贷款与寄存货物质押结合，在银企之间搭建桥梁。融通仓可以直接为中小企业申请质押贷款提供担保，间接提高中小企业的信用。融通仓开展的担保必须取得有关部门和金融机构的支持，有必要向有关部门申请批准取得纳入信用担保体系的资格，享受扶持政策，以支撑担保业务的发展，扶植中小企业的壮大。

融通仓以自身担保能力组织企业联保或互助担保，具体做法灵活多样，可由若干企业联合向融通仓担保，再由融通仓向金融机构担保，实现融资；可把融通仓担保能力与中小企业提供的担保物结合起来，直接向金融机构担保，实现融资；可以组织、动员信用较高的企业为其他企业担保等。

对于中小企业来说，融通仓模式主要就是为了解决中小企业融资难的困境。融通仓的出现，为中小企业的资金获取开辟了一条新的途径，打破了以往因无固定资产抵押而难以获得贷款的阻碍，中小企业可以利用自身的存货或者原材料等流动资产，通过物流企业的帮助，从商业银行获得一定比例的资金，其后可以利用收益偿还本息，这样的做法促进了资金的快速流动，对于中小企业来说，可以获得快速发展，强化整条供应链。对于商业银行等金融机构来说，融通仓模式很好地解决了在传统信贷模式下，因中小企业没有固定资产的抵押，商业银行考虑信用风险之后，想借不敢借的尴尬境遇。引入物流企业之后，商业银行就可以委托其利用专业知识，帮助商业银行对质押物进行估值处理，商业银行根据质押物价值的一定比例向中小企业发放资金，并指示物流企业对质押物的出入进行监管。质押到期时，中小企业违约未偿还本息，银行就联合物流企业对质押物进行处理，用来弥补借出资金的缺口，所以，资金的信用风险还是在可控范围内的。融通仓业务模式可以帮助银行开发新的客户，提高资金利用率，增加业务收入。

对于物流企业来说，融通仓业务模式不仅可以增加其核心竞争力，开发新客户，增加收入，也可以和商业银行及中小企业建立良好的合作关系，为以后拓展业务打下基础。在融通仓业务模式中，物流企业充当了商业银行和中小企业的中间人角色，一方面，帮助商业银行对质押物等的信息进行调查估值；另一方面，帮助中小企业和银行进行合作，并为其提供仓储物流等方面的服务。物流企业的存在，使得商业银行在开展业务中节约了很多成本，且对相关信息了解得更加清晰，大大增加了融通仓业务模式的运作效率。

7.3.2　融通仓选址与布局

融通仓的选址应在工业经济和金融、商贸、物流等第三产业发达区域的中心地带，有效配送辐射半径为10～20千米，辐射区域内中小企业众多。融通仓仓储中心本着为金融机构和企业提供一体化服务的目标，需要着重考虑客户的需求，从客户角度出发，帮助客户灵活开展质押贷款业务，降低质押贷款业务的成本，提高质押贷款业务运作的效率。这就需要对融通仓的仓储配送网络进行灵活而科学的设计。

分布式仓储也可以称为网络仓储。融通仓在目标区域中心建设项目基地，其主要模块之一是质押与公共仓储基地，在距离基地较远的地方以贴近客户的原则设立或者租赁一定规模的子仓库，拓展融通仓的服务范围和辐射半径，实现分布式仓储配送的整体布局。在图7－6中，企业A、企业B和企业Ⅰ、企业Ⅱ同属于融通仓仓储基地辐射半径范围内的客户源。企业A、企业B距离融通仓仓储基地较近，其开展质押贷款时，需要将质物直接存放在融通仓仓储基地内部；企业Ⅰ、企业Ⅱ距离融通仓仓储基地较远，主要通过子仓库获得融通仓提供的仓储配送服务。

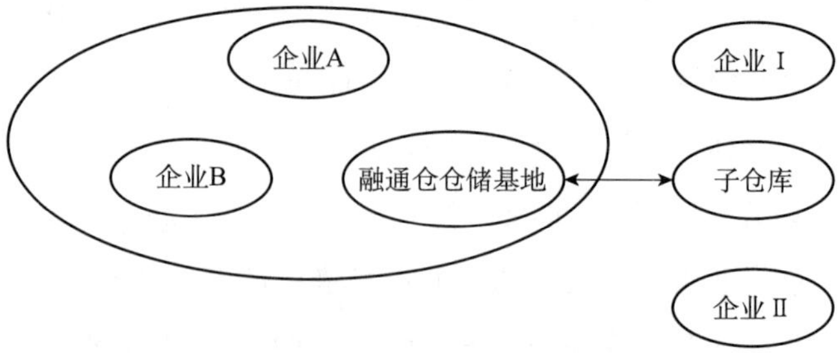

图7－6 整体布局：分布式仓储配送

7.3.3 融通仓业务流程

融通仓是一个以质押物资仓储与监管、价值评估、公共仓储、物流配送、拍卖为核心的综合性第三方物流金融服务平台，它为银行与企业间的合作构架起了一座新的桥梁，成为中小企业获得融资服务与第三方物流服务的重要渠道。在融通仓业务模式中，银行通常把贷款额度直接授权给物流企业，由物流企业根据客户的需求和条件进行质押贷款和最终结算。物流企业向银行提供符合相关规定的信用担保，并直接利用这些信贷额度向中小企业提供灵活的质押贷款业务，银行则通常不参与质押贷款项目的具体运作。

在质押业务中，融通仓根据质押人与金融机构签订的质押贷款合同以及三方签订的仓储协议约定，根据质押物寄存地点的不同，对客户企业提供两种类型的服务：一是对寄存在融通仓的仓储中心的质物提供仓储管理服务和监管服务；二是对寄存在质押人经金融机构确认的其他仓库中的质物提供监管服务，必要时才提供仓储管理服务。借助融通仓的参与，针对中小企业的动产质押贷款业务的可操作性大大增强。在中小企业的生产经营活动中，原材料采购与产成品销售普遍存在批量性、季节性特征，这类物资的库存往往占用了大量宝贵资金。融通仓借助良好的仓储、配送、商贸条件，吸引辐射区域内的中小企业，作为其第三方仓储中心，帮助企业以存放于融通仓的动产获得金融机构的质押贷款融资。融通仓不仅为金融机构提供了可信赖的质押物监管，还帮助质押贷款主体双方良好地解决质物价值评估、拍卖等难题，并有效地融入中小企业产销供应链中，融通仓不仅为银企间的合作构架了新桥梁，也将顺利融入企业供应链体系之中，成为中小企业重要的第三方物流服务提供者。在具体融资过程中，有以下四种运作模式可以选择。

1. 委托代理模式

委托代理模式是指，中小企业使用存货等流动资产作为质物，金融机构受到专业知识的限制，把质押物的估值等问题交给物流企业负责。物流企业可以根据自身的优势、运用专业的技术、便捷的仓储条件处理相关业务，相比于银行可以耗费更少的交易成本，进而能够提高金融机构的信贷积极性。因为物流企业的参与，使得质押物的相关风险降低，只要收益大于银行付出的成本，这个模式就是适用的。委托代理模式运作流程，如图 7－7 所示。

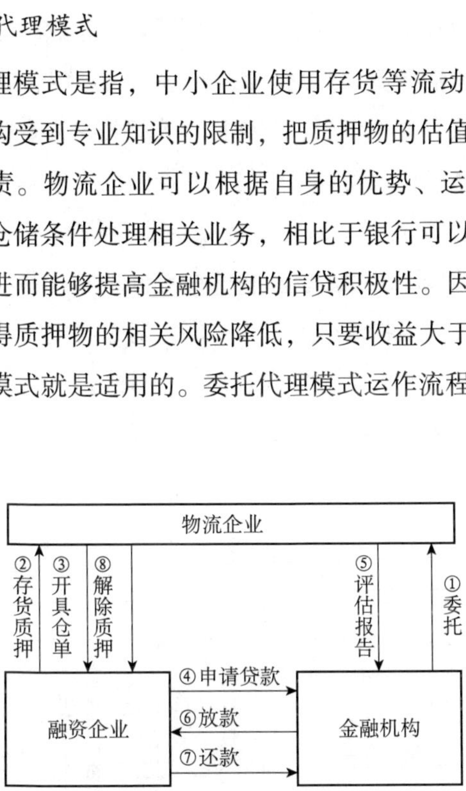

图 7－7　委托代理模式运作流程

在委托代理模式下，金融机构委托物流企业负责对融资企业进行存货质押监管，并根据质押物的情况向融资企业开具仓单。融资企业凭借仓单向金融机构申请贷款，物流企业向金融机构开具评估报告，金融机构根据评估报告以及仓单，向融资企业发放一定比例的贷款，融资企业用经营所得收益逐步偿还贷款。在资金到期、融资企业本息付清之后，物流企业按照金融机构的指示，解除对质押物的监管，融通仓融资结束。若融资企业到期未能还本付息，金融机构会联合物流企业对质押物进行处理，以弥补资金缺口。

2. 统一授信模式

统一授信模式是指，金融机构精心挑选一些规模大、信用好、经营实力较强的物流企业，根据对物流企业的综合评定情况审批一定的授信额度，然后，由物流企业直接与融资企业对接，是否发放贷款、款项多少、质押货物等相关决策直接由物流公司决定，而金融机构只需在协定的时间期限内收取本金和利息，并不参与具体业务流程，因此，物流企业对贷款安全承担全部责任，为主要的风险承担者。该模式能更好地发挥物流企业对于信息的掌控优势，当物流企业实力雄厚，对于融资企业信息的掌控能力、监控能力高于金融机构时，这一模式是可行的，其基本运作流程，如图 7－8 所示。

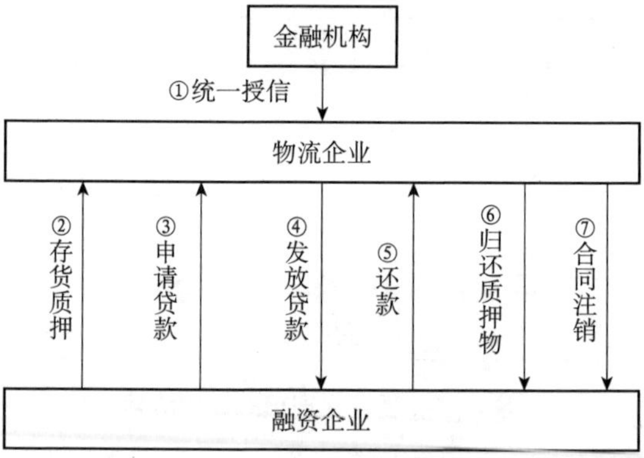

图 7－8　统一授信模式运作流程

在统一授信模式下，物流企业向金融机构申请一定的信用额度，金融机构评估之后与其签订相关协议，给予其一定的资金额度。物流企业在获得款项之后，对融资企业进行审核、选取、谈判，办理存货质押相关手续。融资企业向物流企业申请贷款。物流企业根据对质押物的价值评估、融资企业信用情况等各项因素发放贷款。若资金到期后，企业如期偿还贷款，则物流企业解除对质押物的监管并归还质押物，融资活动结束，合同注销；否则，物流企业会对质押物进行处理拍卖来弥补资金缺口。

3. 共同委托模式

共同委托模式，其原理同委托代理模式相似但又存在很大差别。在融通仓模式中，物流企业是连接金融机构和融资企业的桥梁，既代理金融机构对质押物的相关情况估值监管，又代理融资企业对质押物进行保管。这种模式对于质押物有一定的要求，这些质押物对于融资企业来说是十分重要的，关系到企业的生产销售，质押物的损耗、丢失都将会影响企业的生存发展。在这种情况下，为了保证自身的生存，避免潜在损失，融资企业更愿意和银行联合起来，共同保障质押品的安全。但两者所关注的重点有所区别，银行主要希望物流企业能够确保质押物的价值稳定，以控制贷款风险；而融资企业希望物流企业保证质押物的安全，不会影响其生产销售。其基本运作流程如图7-9所示。

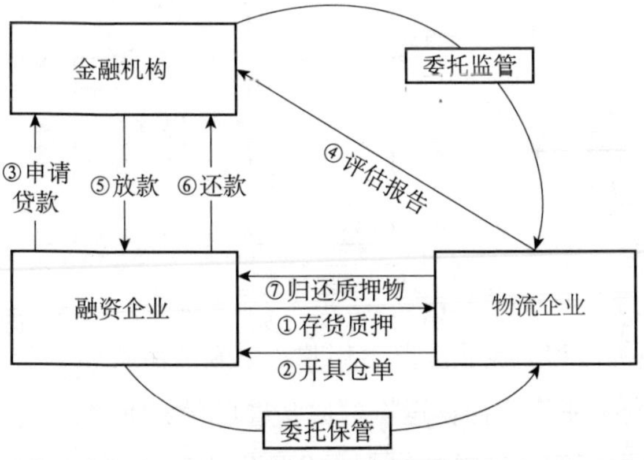

图7-9　共同委托模式运作流程

金融机构委托物流企业进行质押物的监管，融资企业委托物流企业进行质押物的保管。融资企业将存货运抵物流企业，进行存货质押。物流企业开具仓单。融资企业向金融机构申请贷款。物流企业将质押物的评估报告发送给金融机构。金融机构根据质押物的价值以及质押物对于融资企业的重要程度，发放贷款。融资企业到期偿还贷款，物流企业归还质押物。在共同委托模式下，金融机构会着重关注质押物对于企业的重要程度，质押物越重要，金融机构的监督成本越低，放贷的积极性越高。

4. 联盟模式

联盟模式是指，金融机构和物流企业之间不再是简单的委托代理关系，而是两者联合起来发挥各自优势，成立一家专门的融资服务机构开展融通仓服务。新组成的机构直接和需要融资的企业进行接触、沟通，签订相关的质押贷款协议和仓储服务协议，向融资企业提供融资、物流等一系列服务，提高业务运作效率。其基本运作流程，如图 7 – 10 所示。

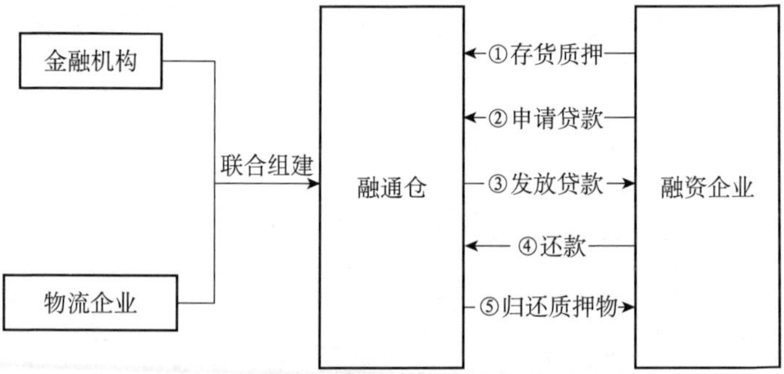

图 7 – 10　联盟模式运作流程

金融机构和物流企业联合组建一家新的融资服务公司（融通仓），融资企业将质押物运抵融通仓进行存货质押，并申请贷款。融通仓根据评估结果为融资企业发放贷款。融资企业到期偿还贷款，融通仓归还质押物，合同注销；若企业无力偿还借款，融通仓有权处理质押物弥补损失。在联盟模式下，金融机构发挥其资金优势，结合物流企业对于质押物评估监管方面的优势，融资可以更方便、快捷，并且可以降低风险、节省成本。但由于国内物流企业自身的风险原因及金融行业的管制，联盟模式在国内的发展还有很多制约因素。

复习思考题

1. 存货质押融资业务的分类。
2. 仓单质押融资业务模式。
3. 融通仓业务模式。

第 8 章

基于应收账款的业务模式

8.1 认识应收账款

8.1.1 应收账款的概念

应收账款是企业采用信用方式销售商品、产品、提供劳务等而形成的债权性资产。《企业会计准则》对应收账款的定义是：企业因对外销售产品、材料、供应劳务等而应向购货单位或接受劳务单位收取的款项。对企业而言，应收账款是企业的一种债权，在应收账款发生时，企业一般都会与客户签订购销合同或劳务合同，并签订还款协议。

应收账款的确认是伴随着赊销发生的，其确认时间为销售成立。按照《企业会计准则》的规定，同时满足商品已经发出和收到货款或者取得收取货款的凭据两个条件时，应确认收入，此时若未收到现金，即应确认为应收账款。由于从应收账款转变为现金需要一段时间，因此，严格地说，应收账款不能按照其到期值（账面价值）计价，而应该按照未来现金的现值计价，但这样就会对企业的当期净收益产生重大影响，因此，在实践中多数应收账款仍然按其到期可收回的价值计价。

8.1.2　应收账款的特性

应收账款的形成主要有以下几个特点。

1. 扩大销售

在市场竞争比较激烈的情况下，企业为了促销，采取向客户提供商业信用，利用赊销、分期付款等销售方式以扩大销售，增加利润。它实际是向客户提供了两项交易：一是向客户销售商品（产成品）；二是在一段有限的时间内向客户提供一定资金。

2. 减少存货

企业持有商品（产成品）存货，不但占用一定量的资金，还要支出管理费用、仓储费用和保险费用等。因此，当存货比较多时，企业采取除赊销和分期付款以外的销售方式，把存货转化为应收账款，以减少商品（产成品）存货，节约存货的费用支出。

3. 存在风险

应收账款是在企业经济活动中暂时脱离本单位而被其他单位无偿占用的资金。虽然说它是企业的一项流动资产，但只是一项“纸上资产”，企业只拥有其所有权，而无支配权，也存在无法回收的风险。

4. 存在持有成本

应收账款的持有成本是指，企业商品销售之后，至收回货款入账前这段时间发生的与该项业务有关的各项费用，主要有管理成本、机会成本、收账成本和坏账损失。管理成本是指，持有应收账款期间，对其进行日常管理所花费的费用；机会成本主要是指，由于赊销而垫付的资金，相当于销售商品的企业从发出商品到收回货款的这段时间，为购货方提供的无息贷款，从而放弃了其他可能的投资机会；收账成本是指，赊销企业为了收回应收账款而发生的各种催收费用；坏账损失是指，应收账款因故最终无法收回而形成的损失。这些成本不是一次性支付或摊入费用的，而是随着应收账款持有时间的增加而增长。当应收账款持有时间在一定期限之内，收回的款项扣除该批商品的成本、销售税金及各项费用后，应能抵补应收账款的持有成本；如果应收账款的持有时间超过了这个期限，则这项业务就要发生亏损。

8.2 应收账款类融资业务的内涵与特征

8.2.1 应收账款类融资业务的产生与内涵

1. 应收账款类融资业务的产生

应收账款类融资业务最早可以追溯到古巴比伦王朝的保理业务。不过，现有供应链金融中应收账款类融资的产生，与当今时代交易模式的发展密切相关。随着全球经济进入结构性过剩时代，短缺经济已被过剩经济取代，买方市场已经形成。在市场交易中，无论是在国际市场还是在国内市场，赊销已经成为商品交易的主要模式。

赊销的销售方式在当前市场形势下存在诸多优点，赊销已经成为市场交易的主要模式。但是在赊销中，供应链上游企业面临巨大的挑战。首先，赊销会使供应链上游企业的经营成本上升。比如，赊销会占用供应链上游企业的流动资金，供应链上游企业不得不支付催收赊销款的费用。其次，赊销会使供应链上游企业的经营风险上升。最后，赊销会使供应链上游企业的经营效率下降。比如，催款人员往往是业务骨干，财务部门也必须予以配合，供应链上游企业需要投入大量人力和物力才能进行赊销，这必然会降低企业的经营效率。

赊销促进应收账款类融资业务的发展，在一定程度上源于供应链上游企业所面临的挑战。赊销的发展使供应链上游企业应收账款数额明显增多，管理应收账款已成为企业经营活动的重要问题。为了确保企业生产经营的持续性，供应链上游企业急需加快应收账款的变现，凭借应收账款进行融资。

2. 应收账款类融资业务的内涵

应收账款类融资业务是企业为了筹措继续运营的短期资金，缓解资金紧张局面，以应收账款为支撑，通过特定程序取得经营所需资金的活动。在该业务中，银行往往联合物流企业对融资企业的销售合同进行审查，确定无误后，银行接受应收账款质押或者执行保理业务，发放贷款给企业，物流企业同时负责完成货物的保管、储存、运输和向企业的客户交付货物，以及协助银行回收账款。

应收账款类融资既包括应收账款质押融资、国内保理、商业承兑汇票贴现等国内融资产品，也包括出口押汇、国际保理等传统的国际融资产品。保理是应收账款类融资的最基本形式，其他融资形式均可以看作是保理的衍生。

应收账款类融资适用于以赊销为主要经营方式，供应链下游企业（即核心企业）信用状况较好的情形。应收账款类融资属于融资企业以自身资产支持的一种融资产品，它以融资企业自身的应收账款作为还款来源，关注应收账款的质量和资金流控制，对融资企业的信用状况和授信担保条件要求不高，实施应收账款类融资能帮助融资企业提前回笼销售资金、降低销售财务风险、提高资金运用能力、改善企业财务报表结构。

8.2.2　应收账款类融资业务的特征

应收账款类融资与存货质押融资、仓单质押融资是当前实践中得到大力发展的主要业务类型，都属于质押融资范畴，其区别在于，存货质押融资业务、仓单质押融资业务的质押物无须签订销售合同，一旦融资企业违约，金融机构将承担质押物变现过程中的所有风险；应收账款类融资业务的质押物本质上也是物而不是合同，但是质押物有销售合同，因此，应收账款类融资业务对银行来说风险更小。

在我国，应收账款类融资业务主要由银行经营，出于历史传承和称呼简便而通常被称作银行保理业务。保理业务即保付代理业务的简称，是指由银行与债权方签署协议，债权方将采取赊销方式进行商品交易或提供劳务形成的应收账款转让给保理银行，由保理银行对其提供综合性金融服务，以减少债权方自身的占压资金，加快资金周转。随着我国市场经济的发展，保理业务逐渐成为集贸易融资、商业资信调查、应收账款管理及信用风险担保于一体的新兴综合性金融服务。国内法律体系的不断完善及企业应收账款的资金占用量日益庞大，都促进了应收账款类融资业务的发展。保理业务在国外银行界是一项成熟的专门为赊销设计的金融产品，为企业解决应收账款问题提供了有效的金融方案。

在传统保理业务中银行作为金融机构，难以真正介入物流传递的过程中，在了解保理业务双方企业的信用情况方面也存在真实信息获得方面的种种困难，因而给提供保理业务的银行带来诸多风险。例如，货物存在瑕疵所带来的交易风险和买卖双方对保理银行合谋欺骗所带来的信用风险。物流企业的参与，使得传统保理业务的局限性得到很大程度的改善，有利于保理银行对业务全过程实施监管，现实中常常称其为物流保理业务。

物流保理业务的出现迅速引起了广泛关注，一些专家甚至称其为“革命性的金融服务方案”，并认为在保理市场上没有任何银行能够与之匹敌。

在应收账款类融资业务模式中，对供应链上核心企业信用价值的把握、对产销供应链合作稳定性的判断，以及对物流企业道德风险的监控，成为业务管理的核心要点。

8.3　应收账款类融资业务分类

8.3.1　应收账款类融资业务类别

1. 应收账款质押融资

应收账款质押融资是指，基于买卖双方的真实购销合同，为保证供应商不出现资金缺口影响后续环节，供应商用应收账款质押给金融机构，持有应收账款的企业与金融机构签订借款合同，以应收账款作为担保品，在规定期限内，企业有权以一定额度为限借用资金的一种融资方式。合同明确规定，金融机构借给企业资金所占应收账款的比率，一般为应收账款的 50% ~90%，融资企业在借款时，如果作为担保品的应收账款中某账款到期收不回来，银行有权向融资企业追索。

应收账款质押融资的风险主要集中在质押和金融机构内部操作方面，其中质押问题更为显著：首先，若应收账款无法全额收回，金融机构会面临风险损失；其次，质押登记错误或失效所带来的损失；最后，应收账款可能有贬值的风险，造成金融机构的坏账。

2. 应收账款证券化融资

应收账款证券化融资是指，供应商将符合标准的应收账款，完全出售给专门从事资产证券化的特设信托机构（SPV），特设信托机构是将应收账款和融资者进行风险隔离、专门进行资产证券化的机构。SPV 通过与其他金融机构和非金融机构联合，将应收账款转化为证券在二级市场售卖给投资者，以证券发行收入支付应收账款，以应收账款本金和利息支付投资者。实质是被证券化的金融资产的未来现金流量收益权从融资者到投资者的转让，从而达到控制风险、降低成本的目标。

应收账款必须符合以下基本资产合格标准，才可进行证券化融资：现金流入量可以预见；应收账款利息支出足够弥补抵押证券利息支出；具有抵押价值和清偿价值；有明确的还款条件。

由于应收账款证券化融资专业化较强，涉及环节多，并且我国的市场复杂，相关机制不够完善，其在国内尚未广泛实施。首先，SPV 的收入来源于应收账款支持的证券发行，为降低应收账款证券化成本，SPV 大多设在免税地区，国内中介机构的短缺也是阻碍发展的原因之一；其次，由于应收账款较多，需高度完善的会计财务体系和税收制度才能正常运行，目前国内相关体系不够完善；再次，即使应收账款债务方信用良好且托管机构同步监督，仍需要第三方担保，因此，管理成本和融资成本的增加限制了其发展；最后，我国信用增级机制仍有缺陷，个别环节带有主观因素，不够健全。

3. 应收账款保理融资

（1）保理的概念。保理是基于供应商向采购商销售货物（提供服务）所产生的应收账款，供应商将现在的或将来的应收账款转让给保理商（一般指银行或其附属机构，有时也有独立的保理商），保理商通过收购应收账款，向供应商提供的贸易融资、销售分户账管理、账款催收、信用风险控制与坏账担保等“一揽子”综合性服务。

贸易融资，保理商可以根据供应商的资金需求收到转让的应收账款后，立刻对供应商提供融资，协助供应商解决流动资金短缺的问题。

销售分户账管理，保理商可以根据供应商的要求，定期向供应商提供应收账款的回收情况、逾期账款分析等，发送各类对账单，协助上游企业进行销售管理。

账款催收，保理商有专业人士从事追收，他们会根据应收账款逾期的时间，采取有理、有力、有节的方法，协助供应商安全回收账款。

信用风险控制与坏账担保，保理商可以根据供应商的需求对采购商核定信用额度。对于供应商在信用额度内发货所产生的应收账款，保理商提供 100% 的坏账担保。

（2）保理的分类。物流金融中应收账款类融资业务正是一种在传统保理业务基础上发展起来的新的业务形式。其中，根据是否放弃追索权，分为有追索权保理和无追索权保理；根据是否告知应收账款债务方保理情况，分为公开保理和隐蔽保理；根据是否发生在同一国境内，分为国内保理和国际保理；根据额度是否可循环使用，分为循环保理和非循环保理；根据是否有两个或两个以上保理商参与、承担卖方转让和对买方的收款服务职能，分为双保理和单保理；根据保理商是否向卖方提供预付款满足其融资需求，分为折扣保理和到期保理。

第一类是按保理商是否有权对卖方进行有条件的追索，分为无追索权保理和有追索权保理。有追索权保理是指，卖方企业转让给保理商应收账款的债权取得融资，如果买方企业拒绝或无力付款导致保理商无法按时收回应收账款时，保理商有资格对卖方企业采取无条件的追索行为，要求其偿还预付的货币资金。融资企业的风险并未得到转移，只是解决了资金回笼问题，并不能改善应收账款状况。因此，当前银行为了减少损失，出于谨慎性考虑，一般只提供有追索权保理。无追索权保理，也称全功能保理，指卖方通过向保理商出售自己的应收账款获得融资，如果到期债务人因自身问题拒付或无法支付，保理商不得向卖方进行追索，之前没有融资的部分还应该补充赔偿给卖方企业，只有在商业纠纷（因物流配送服务不到位使得商品质量、数量等出现问题导致的买方拒付）引起坏账的条件下，保理商才可以向卖方企业追索。在无追索权保理的情况下，需要保理商独自承担买方企业拒绝付款或无力付款的风险，由于风险过大，国内银行通常不予接受。

第二类是按保理商是否将业务通知买方，分为公开型保理和隐蔽型保理。公开型保理，又称明保理，指卖方一旦转让给保理商债权，就应当通知买方，并要求其直接将货款付给保理商。由于《中华人民共和国民法典》有明确规定，债权人转让债权，未通知债务人的，该转让对债务人不发生效力。债权转让的通知不得撤销，但是经受让人同意的除外。因此，目前国内银行开展的保理业务主要是公开型保理。隐蔽型保理，又称暗保理，指卖方不通知买方保理商的情况，只是保理商和卖方企业单独开展保理合作，货款到期时仍由卖方出面催款，再向保理商偿还预付款，避免因泄露自己由于流动资金不足、周转困难而转让应收账款的不良财务状况从而直接影响企业未来的业务合作。然而事实上，在国内当前的隐蔽型保理实务操作中，即使保理商已预付融资款，正常情况下债务人仍直接向债权人付款，再由债权人将相关付款转付保理商，融资款项仅在债权人与保理商之间清算。

第三类是按照是否发生在同一国境内，保理可分为国内保理和国际保理。对于国内保理，供应商将在国内销售商品或提供劳务所形成的应收债权转让给保理商，由保理商为其提供融资、信用风险控制、销售分账户管理和应收账款催收及坏账担保等各项相关金融服务。对于国际保理，保理交易当事人及保理交易行为已超出同一国家的范围，保理财产涉及国与国之间的转移。国际保理可以进一步分为进口保理与出口保理。进口保理是指，保理商与核心企业位于同一国家，为国外上游企业的应收账款提供保理，应收账款是因核心企业的进口而产生的。出口保理是指，保理商与上游企业位于同一国家，为上游企业因出口而产生的应收账款提供保理。

第四类是按照额度是否可循环使用，保理可分为循环保理和非循环保理。对于循环保理，供应商将采购商在一定期限内的特定应收债权转让给保理商，保理商在供应商的最高综合授信额度内，为供应商在核定的有效期内循环提供应收债权融资。对于非循环保理，供应商将采购商在一定期限内的特定应收债权转让给保理商后，对已发生的特定的一笔或若干笔贸易合同项下的应收债权而设立的融资额度使用完毕后，保理商不再循环提供。

第五类按是否有两个或两个以上保理商参与、承担卖方转让和对买方的收款服务职能，分为单保理和双保理。单保理，主要运用于国际贸易保理业务的早期阶段，它指的是出口保理公司单独购买卖方的应收账款。进口保理公司只承担出口保理公司的坏账风险，不承担向买方收取款项的责任；只有当卖方严重逾期不付款时，进口保理商才启动一定程序负责催收账款。随着国际保理业务的发展和保理商业务水平的提高，单保理模式已逐渐被双保理模式所取代，单保理模式现在主要适用于国内保理业务。双保理是指由供应链上游企业指定的保理商与供应链核心企业指定的保理商共同完成上游企业应收账款的收购与受让，由双方的保理商共同提供贸易融资，销售分户账管理，账款催收，信用风险控制与坏账担保等“一揽子”综合性服务。一般情况下，国际保理倾向于采用双保理机制，分别由进出口企业所在国/地区的进出口保理商共同提供保理业务。其中，出口企业指定的保理商为出口企业提供贸易融资、销售分账户管理服务，进口企业指定的保理商为出口企业提供应收账款催收，信用风险控制与坏账担保服务。出口商与出口国所在地的保理商签订保理业务协议。出口商可以与出口保理机构就所有相关问题进行谈判，然后出口保理公司可以根据出口商的需求提供保理服务。同时，出口保理商和进口保理商也会签订委托代理业务协议，以更好地保护出口商的债权，并促使进口商清偿债务。双保理模式在国际保理业务中越来越受欢迎，因为它可以帮助出口商避免在语言、法律、商业习惯等方面可能遇到的困难。

第六类是按保理商是否向卖方提供预付款满足其融资需求，分为折扣保理和到期保理。折扣保理，又称融资保理，指保理公司在收到卖方公司提交的、代表应收账款的销售发票时，立即预付卖方公司不超过应收账款80%的融资金额，在保理商收取客户债务人的全部款项并扣除费用后，再将剩余20%的应收账款融资款转给卖方企业，是一种比较典型的保理方式。到期保理是指，保理公司在收到卖方公司提交的应收账款销售发票等文件后不立即提供融资，但在文件到期后再支付货款。此时无论最终付款是否可以收回，保理公司都必须支付货款。可以看出，除了到期保理业务之外，几乎所有其他类型的保理业务都具有保理业务提供商向卖家提供预付款以满足其融资需求的特征。

（3）应收账款保理融资的内涵。应收账款保理融资业务，指企业将其优质的应收账款资产转让给专门以购买应收账款为业的金融公司，从而筹借所需资金的一种筹资方式。受让人提供接管销售账款的服务，并保障企业免遭坏账损失，通常要收取相当于销售款一定比率的服务费。这样，企业既能保证资金的收回，避免坏账损失，又能节约债务的日常管理费用，从而集中精力搞好生产与销售。

在实践中，应收账款保理融资是卖方将其现在或将来的基于其与买方订立的货物销售/服务合同所产生的应收账款转让给保理商（提供保理服务的金融机构），由保理商向其提供资金融通、买方资信评估、销售账户管理、信用风险担保、账款催收等一系列服务的综合金融服务方式。它是商业贸易中以托收、赊账方式结算货款时，卖方为了强化应收账款管理、增强流动性而采用的一种委托第三者（保理商）管理应收账款的做法。

8.3.2 物流企业参与下的应收账款融资业务

在我国，应收账款融资业务主要由银行等金融机构经营，出于历史传承和称呼简便的原因，通常被称作银行保理业务。为论述方便起见，下文中将物流企业参与实施的应收账款融资业务，简称为“物流保理业务”。

1. 物流保理业务的产生

物流保理业务的出现，源自保理市场的迅速发展。早在 2000 年，全球最大的快递公司——UPS 正式推出了物流保理业务，进而树立了业务典范。2000 年，UPS 成功地建立了自己的金融子公司——UPS 资本公司，推出了相关物流金融服务。随着保理业务的迅速发展，我国物流企业也进一步认识到这一业务的巨大潜力和自身从事保理业务的潜在优势。

银行保理业务拓展了仓单质押贷款和存货质押融资只能服务于仓储货物的局限，使得融资服务能够覆盖整个物流传递的过程，大大延长了融资服务的时间，扩大了融资服务的范围。融资企业获得了更长的融资周期，金融机构则获得了更长期的融资收益，因此，在现实中受到了融资企业和金融机构的欢迎。这种业务尤其适合需要长时间运输的货物以及存在较长应收账款账期的企业的融资要求。

在实际操作中，银行作为一个金融机构，难以对物流全过程做到有效的管理，因此，物流企业的参与弥补了银行单一主体开展该业务存在的不足，极大地促进了该业务的发展和应用。

从保理业务的服务内容来说，物流保理业务与银行保理业务并无本质上的不同，但是其经营的主体由银行单一主体变成了银行与为客户经营物流业务的物流企业联合体，从而使物流和资金流的联系更为紧密，极大地提高了银行对该业务的控制能力和防范风险的能力。

2. 物流保理业务的优势

总结上述分析，物流企业参与下的应收账款融资业务有以下优势。

首先，物流保理业务满足了企业生产过程和销售过程的融资需求，使物流金融业务范围涵盖整个供应链。企业的应收账款短期内对充实企业现金流量并无帮助，但是通过物流企业操作将其质押或转让给银行，即可获得现金。物流保理业务使企业从生产到销售全过程都可以从银行等金融机构获取贷款。在供应链竞争的时代，银行和物流企业共同整合了融资链条，提高了整个供应链的效率。

其次，物流保理业务能够有效地解决供应链上中小企业融资困难的问题。大多数中小企业在供应链中不处于核心地位，而是依附于供应链中的核心企业，这些中小企业为核心厂商提供零配件加工或者服务。供应链中的核心企业和核心经销商因其强势地位，不会提前支付全额的货款，相反，会在中小企业完成销售后延期付款。这种现实状况造成了供应链中处于相对弱势地位的中小企业没有充足的流动资金维持企业运作。但是，它们拥有对信誉良好的核心企业的应收账款，将这些应收账款迅速融资以维持下一阶段的企业基本运作是最佳选择，也是唯一的合理选择。应收账款作为企业的一项流动资产，能为企业带来预期经济效益，但若不能及时变现，则会带来资金短缺、坏账的隐患。应收账款融资集融资、结算、财务管理和风险担保于一体，作为目前常见的一种理财行为，不仅有利于加速企业应收账款变现，规避坏账风险，也为企业提供了一个低成本筹集资金的新的融资渠道。作为一种具有较高弹性的融资方式，应收账款融资能够改善企业资产负债率，且其融资时间短、效率高，成本相对较低，能进一步促使企业加强管理，使其决策科学化。

最后，物流保理业务有利于银行等金融机构控制风险、提高效率。从目前物流的发展趋势来看，物流企业越来越多地介入其客户的供应链管理中，因而往往对于买卖双方的经营状况和资信程度都有相当深入的了解。银行保理业务的主要风险常常来自买卖双方对银行的合谋性欺骗，一旦银行在信用评估时出现失误，就很可能陷入财货两空的境地。而在物流保理业务中，由于物流企业本身长期参与供应方和购买方的物流业务，与双方企业都联系紧密，对企业的实际运营情况相对较为了解，多数情况下物流企业还持有双方业务过程中的货物或者库存，买卖双方欺骗物流公司的实际难度相对银行大大提高，因而在现实业务中，物流保理业务的风险已经得到大大降低。另外，根据物流保理业务的要求，客户企业在其产品装箱（柜）的同时，就能凭提单获得物流企业预付的货款，物流运输和保理业务的办理是同时并行的；而银行保理业务一般必须在货物装运完毕后，再凭相应单据向银行要求预付货款。比较而言，前者更为简捷方便。

复习思考题

1. 应收账款的特征。
2. 应收账款类融资业务模式。
3. 应收账款保理融资业务模式。

第 9 章

基于预付账款的业务模式

9.1 预付账款类融资业务的产生及内涵

9.1.1 预付账款类融资业务的产生

预付账款类融资最早可以追溯到信用证出现的年代，在国际贸易活动中，由于交易双方互不信任，买方担心预付货款后，卖方不按合同要求发货，而卖方担心提交货物后，买方不按时支付货款，因此，需要信用度高的银行作为交易双方的保证人。银行在保证中使用的工具就是信用证，信用证是银行有条件保证付款的书面承诺。对于买方而言，信用证具有天然的预付账款融资的功能，买方只需要缴纳合同金额的一定比例作为保证金，就可以进行采购。

近年来，人们发现在贸易业务中，强势的供应商往往可以通过不平等的贸易条件，将资金占用成本和财务成本转嫁给供应链下游的中小企业。而对上游供应商的不平等贸易，供应链下游企业的资金压力非常大，经常出现资金无法满足生产经营需要的情况。但是，由于信用等级低、缺少担保物，供应链下游企业又很难从银行获得融资。下游企业的资金缺乏极大地降低了供应链运作的效率，供应商的经济效益因此间接地受到了影响。

要提升供应链的运作效率，必须使下游企业取得融资。银行洞察了这一现象背后的原理，并从中找到了商机。银行通过开发一系列融资产品，为下游企业提供融资并从中获取收益。在这一系列融资产品中，最重要的就是预付账款类融资。预付账款类融资在国内发展很快。国内银行关注了供应链下游中小企业的融资需求，提供了更多的预付账款类融资。因此，预付账款类融资具有一定的中国特色。

9.1.2　预付账款类融资业务的内涵

预付账款类融资主要发生在采购阶段，是基于未来提货权的一种融资模式，主要参与方有供应商、采购商、银行和物流企业。预付账款融资一般用于供应商签订回购协议情况下的采购融资。基于下游企业和供应商之间的交易，针对下游企业向供应商采购的支付需求，提供融资的一种物流金融产品。下游采购商在供应链中处于劣势地位，需要获得资金支付预付账款，该模式为其提供了预付账款所需资金。由于预付账款类融资的担保基础，或是供应链下游企业向供应商的提货权，或是发货、运输等环节的在途货物或库存货物，因此，通常认为预付账款类融资是基于未来存货的融资。

预付账款类融资主要是由核心企业提供担保，为下游企业提供融资服务。在供应商承诺回购的前提下，由物流企业对货物进行监管，银行开出承兑汇票给供应商，采购商在取得销售收入后分批次支付货款给银行，银行在收到融资企业的货款后分批次向物流企业发出放货通知。在预付账款类融资业务模式下，下游企业可以分批次提交货款并提取货物，批量采购减少了融资企业的采购成本，缓解了其资金周转压力；对于供应商来说，采购商大规模的批量采购扩大了其销量，同时也减少了不稳定客户所带来的应收账款，减少了坏账的产生，保证了资金周转顺畅，公司财务得到优化；对于银行和物流企业来说，预付账款融资模式为其开拓了市场，扩大了其利润上升空间。预付账款融资模式在实现了融资企业的杠杆采购和供应商批量销售的同时，也为物流企业和银行创造了可观的利润，实现了供应链上的多方共赢。

物流金融中的预付账款类融资与传统的用于支付预付款的授信业务存在明显区别。在传统业务中，银行在授信申请人落实相应担保后才会满足预付款的融资需求。而在物流金融中，预付账款类融资具备自偿性，它通过对下游企业所采购的货物，在发货、运输、入库等环节所形成的在途货物和库存货物向银行进行担保，并以其销售款作为还款来源。因此，预付账款类融资能够缓解采购商的财务压力，并能有效地解决中小企业因缺乏担保资源而难以获得银行融资的问题。

9.1.3 预付账款类融资业务的功能

1. 改善中小企业融资困境

中小企业采购方用预付账款融资的方式，一方面，能够借助较少的自有资金或自有资产获取较高的授信额，实现杠杆采购；另一方面，可以通过支付一定比例的保证金以分批提货，获得分批支付货款的权利，有效减轻一次性采购大批原料或产品所引起的短期财务压力。中小企业可以选择在必要的时候向金融机构支付一定数额的资金换取一定量的货物，既使得库存更加适合买方企业的生产周期或销售周期，又能够取得稳定的货源和批量采购所带来的价格优惠。

2. 提升供应链整体竞争力

金融机构提供的预付账款类融资业务，有利于融资企业把资产盘活并有足够的流动资金用来取得更大的订单与持续的订单流，规避小批量、间断性的生产活动使得资金成本不经济。在供应链管理中，将资金流同信息流和物流进行整合，可以有力地减少供应链中企业的信息不对称、缺乏协调、支付延迟等资金成本的影响要素，并且有助于减少库存等物流成本的影响要素，实现物流、资金流与信息流的整合和供应链的成本缩减，为供应链整体效益带来积极影响。

3. 拓展第三方物流企业业务

第三方物流企业凭借其专业的仓储知识和业务经验，对业务流程中最关键的质押物进行科学、专业的货物验收，价值评估与监管，有效地降低了金融机构的风险，提高业务的标准化程度。同时，巩固了与金融机构、核心企业等重要客户的合作关系，吸引了更多客户，物流机构整体价值与竞争力得到提高。

4. 提高金融机构收益

在预付账款类融资业务中，核心企业对供应链的中小企业融资承担连带担保责任，金融机构对仓库中质押货物持有提货监控权，同时，能够锁定资金的使用和还款，执行资金封闭管理，从而确保贷款用于真实的货物采购，贸易项下的销售回款用于还款。预付账款融资方式有效地控制了金融机构的信贷风险，增加客户资源，创造了稳定的盈利模式。

9.2 保兑仓模式

9.2.1 保兑仓业务的概念及特点

1. 保兑仓业务的概念

基于物流金融的预付账款类融资业务模式，比较典型的是保兑仓业务，该业务是供应商和采购商签订贸易合同，由供应商向采购商供货，此时由于采购商规模较小、缺乏一定的资金供给，若想得到货物则必须利用双方签订的贸易合同向银行缴纳一定的保证金进行贷款，供应商将货物发给与银行合作的物流企业并承诺回购，然后，银行根据采购商的还贷情况通知物流企业发货，将未来提货权作为质押物进行融资的物流金融业务模式。

一般而言，保兑仓主要应用在两个方面。第一，中小企业向大型供应商订货。中小企业借助大型供应商的商业信誉，赢得金融机构的信任，为其提供信贷资金，从而解决中小企业资金短缺的问题，为其生存和发展提供资金支持。第二，大型企业扩大经销商销售规模。大型企业为了扩大销售规模，增加经销商数量，凭借自身的商业信誉，为中小经销商提供信贷支持，从而活跃销售市场，提高其销售效率和效益。

2. 保兑仓业务的特点

在卖方与买方真实的商品贸易交易中，以银行信用为载体，买方一般以银行承兑汇票为结算支付工具，由银行控制货权，仓储方受托保管货物，卖方对承兑汇票保证金以外的敞口金额部分提供退款承诺作为担保措施，买方缴纳保证金并提货的一种特定融资服务模式。保兑仓的发展非常迅速，从最早的钢铁行业拓展到目前的汽车、家电、化肥等多个行业。从理论上讲，只要卖方愿意提供回购保证或退款保证，任何行业都可以操作保兑仓业务。

3. 保兑仓业务的主体

保兑仓业务操作主体包括，供应商、采购商、融资银行及物流企业，通常对银行提供的保证措施为供应商的回购担保。回购担保是指，银行向采购商提供信用支持，帮助采购商购入供应方的产品；同时，供应商向银行承诺在采购商不能及时偿还银行债务时，由供应商从采购商处购回产品并将款项归还银行，用以偿还采购商银行债务的一系列金融服务。由于该产品以供应商提供商品回购为前提，因而回购担保可以理解为有条件的保证担保行为，实质上是对银行债权的维护。

9.2.2 保兑仓业务的开展条件

在保兑仓业务中，供应商一般提供回购承诺，即银行承兑汇票到期前，如果采购商没有存入足额的保证金（即采购商没有从物流企业提走全部货物），供应商负责退还银行承兑汇票票面金额与经销商提取的全部货物金额之间的差额款项。银行对于接受授信的企业及其卖方和监管方都有一定的条件限制。

采购商（买方）的条件是，主营业务突出，进销渠道通畅稳定；信用记录良好，具备一定资产规模，资产负债率适中；并且必须是银行额度授信客户，具有银行承兑汇票业务分项授信额度。

对于上游供应商的条件是，一是生产经营正常且主营业务突出；二是要具备较大的经营规模，进销渠道通畅、稳定，财务管理规范；三是企业无不良信用记录。

作为监管方的条件更为复杂。具体有：应具备法人资格并从事仓储业，并且地理位置优越、交通便利；仓储业务量大，管理财务状况良好，信誉好，具备一定违约责任、承受能力；已实行计算机管理，能够对货物的进出库实行动态监控；具备自有仓储设施或长期租赁的仓储设施，长期租赁合同期限长于银行授信期限 1 年以上且已付租金；借款人货物占仓储方全部货物的比重低于 30% 等。

9.2.3 保兑仓业务流程及操作要点

1. 具体业务流程

保兑仓业务流程，见图 9－1。

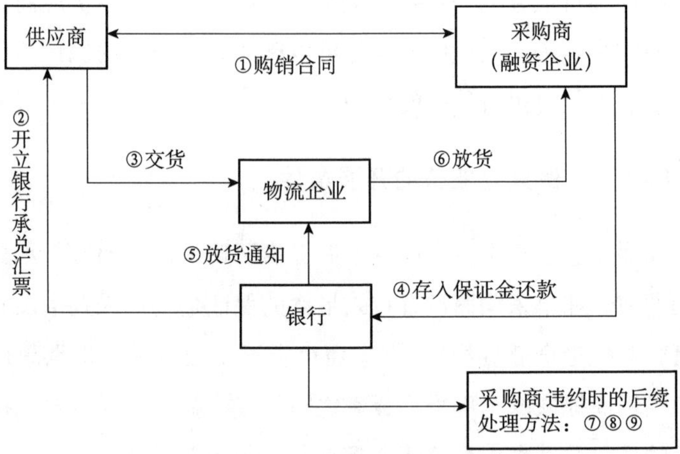

图9-1　保兑仓业务流程

（1）供应商和采购商签订购销合同，银行据此核定授信额度。银行和供应商、采购商、物流企业签订保兑仓四方合作协议，明确采购商首次保证金比例，以及可以使用的授信品种（通常为银行承兑汇票）。

（2）根据购销合同，采购商向银行申请开立以供应商为收款人的银行承兑汇票，银行负责到期承兑，同时供应商向银行提供回购担保。采购商一般首次需提交30%的承兑保证金。

（3）供应商应在规定时间内交货至银行指定的物流企业。

（4）根据“保兑仓四方合作协议”内容规定的条款，采购商在银行存入保证金还款，并向银行发出提货申请书。

（5）银行核对采购商存入的保证金数额与提货申请书中的提货金额，如相符则向物流企业发出放货通知，允许采购商按照提货申请书约定金额提取货物。

（6）物流企业根据放货通知为采购商放货。

采购商违约时的后续处理方法：

（7）根据保兑仓四方合作协议规定，若银行承兑汇票到期时，采购商提货金额不足银行承兑汇票金额，银行向供应商发出退款通知书，要求供应商履行回购义务。

（8）供应商收到退款通知书后，核对台账，办理退款，将退款汇入银行指定账户；银行通知物流企业，货物交由供应商进行处置（通常为供应商通知其他经销商，调剂销售货物）。

（9）银行收取供应商退款，兑付银行承兑汇票。

以上内容就是保兑仓业务具体的操作流程，有必要强调的是，在保兑仓业务操作过程中，供应商、采购商、物流企业、银行四方之间及时、有效的信息交互传递，也是保兑仓业务得以有效开展的保证。因此，应用现代信息技术、网络和通信技术，支持保兑仓业务的开展是必然选择。

2. 保兑仓业务操作要点

保兑仓业务模式操作要点如下。

（1）开展保兑仓业务，采购方和供应商需向银行等金融机构提供商品购销合同原件，为了保证交易的真实性，还需提交采购商与供应商的历史交易记录、前期交易已履行的证明资料，如增值税发票、货运证明等。

（2）交易的商品必须是技术标准明确、易于保管的大宗商品；在可以预见的期限内，产品不会被淘汰，不会发生物理变化、化学变化。如，家电、汽车、机械设备、医疗器械、金属材料、化工原料等。

（3）购货商采购商品须是以销售为目的，与供货商具有代理销售商品长期的（1 年以上）、真实的代理关系，所代理销售的商品收入占其全部销售收入的 40% 以上，具有一定销售该商品的能力和渠道。

（4）如供货商和购货商之间，因货物质量、规格及交货手续等方面产生的纠纷，银行等金融机构不承担任何责任，任何一方出现不履约的情况，即停止业务办理，供应商需按照协议进行回购。

（5）融资到期前的规定时间内，如果银行承兑汇票对应的保证金金额不足100%或融资债务本息尚未清偿完毕，即供货商根据统计的累计发货的总金额小于银行承兑汇票票面金额时，供货商需在收到银行发出的退款通知书后一定的工作日内，将差额款项汇入指定的银行账户。

（6）在保兑仓业务模式中，采购商办理银行承兑汇票，并缴纳首笔保证金，一般为银行承兑汇票金额的30%，可以直接用于第一次提货。后期采购商需提货，则必须继续向银行提交保证金，银行据此确定通知物流企业向采购商发货的金额。

（7）银行承兑汇票到期之前将保证金如数存入保证金账户，只进不出，采购商不得动用。

（8）保兑仓的操作方法也呈现多样性，采购商既可以采用现金方式提货，补足银行承兑汇票保证金敞口，也可以采用合格的银行承兑汇票（符合贴现要求的银行承兑汇票）质押提货。

9.2.4 开展保兑仓业务的优势

1. 采购商优势

（1）依托真实商品交易结算，采购商借助厂商资信获得银行的定向融资支持。

（2）采购商可以从供应商处获得批发购买优惠，使其享受到大宗订货优惠政策，降低了购货成本。

（3）能够保证采购商商品供应通畅，避免了销售旺季商品的断货。

（4）巩固了与供应商的合作关系。

2. 供应商优势

在保兑仓模式下，供应商获益较多，对采购商提供更多的价格折扣是保证采购商有动力参与保兑仓操作的关键，否则，经销商更倾向于有多少钱提多少货。

（1）可以有效地扶持采购商，巩固、培育自身的销售渠道，建立自身可以控制的强大销售网络。

（2）供应商既促进了产品销售，同时牢牢控制货权，防止了在赊账方式下买方可能的迟付风险、拒付风险。

（3）供应商将应收账款转化为应收票据或现金，应收账款大幅减少，改善了公司资产质量。

（4）供应商提前获得订单，锁定了市场销售，便于安排生产计划。

（5）供应商支付了极低的成本（自身信用），借助采购商间接获得了低成本的融资（票据融资）。

3. 对银行益处

（1）可以实现链式营销。该产品针对整个产业链条，满足客户产、供、需各个环节的需求，银行可针对供应商及经销商进行链式营销，有利于银行进行深度拓展。

（2）风险控制优势。业务双向结算封闭在银行，销售回款覆盖融资本息，可以较好地保证银行信贷资金安全。银行有实力强大的卖方的最终保证，可以在一定程度上降低授信风险。

（3）借助在产业链中处于强势地位的核心供应商，关联其众多的经销商，形成“以点带面”的营销效果。

（4）较好的综合收益。银行可以获得银行承兑汇票手续费、存款等直接收入，还可以参与对仓储公司的仓储监管费分成。

4. 对物流企业的益处

开展保兑仓业务时，物流企业的益处主要有以下方面。

（1）增加收入。物流企业通过与银行等金融机构联合开展保兑仓业务，在向客户收取传统物流作业所产生费用的同时，还可以向客户收取监管费，从而增加物流企业的收入。

（2）拓展客户。物流企业通过保兑仓这项增值服务，可以获得更多的客户群，通过与供应商、采购商的合作，建立长期的商业联盟，从而达到共赢的目的。

9.2.5 保兑仓业务风险防范

1. 保兑仓风险分析

（1）供应商面临的风险。对于供应商而言，其风险来自采购商的失信和销售不力。在银行承兑汇票到期后，如果买方缴付的保证金余额低于银行承兑汇票的金额，即买方不能完全实现销售，则卖方就必须将承兑汇票与保证金的差额部分以现款支付给银行，履行担保责任。

当融资额度在使用期内不能满足市场需求，产品供不应求时，银行和采购商都愿意通过此渠道继续或者扩大此类业务，供应商可以通过这种业务提前运用资金增加零部件供应量和产成品储备额。当融资额度基本满足市场需求，采购商能够通过这种方式优先获得市场需要的产品以及较大利润时，银行的资金也是安全的。但是，当融资额度远远过剩、供大于求时，销售风险增加，资金回笼困难，此时采购商不支持保兑仓交易方式，银行资金安全系数下降，供货商清偿能力降低。由此可以看出，对供应商而言，保兑仓业务只适用于市场呈上升趋势或稳定时使用。

（2）银行面临的风险。对于银行的风险，存在供应商和采购商合谋骗贷的可能。虽然采购商向银行缴纳保证金、供应商对差额担保，但对于最为重要的提货权，目前是定义为物权还是债权的争议比较激烈。作为物权，银行就有无限追溯权和排他权；但如果作为债权，银行的保障力量就大大减弱，仅限于普通债的请求权。

2. 保兑仓风险控制

（1）对采购商实行严格准入机制与退出机制。供应链管理从组织架构和管理模式上就是一个庞大的系统工程，对金融服务的需求层次高、要求新、种类多，因此，加强授信前期调查、找准切入点至关重要。根据企业的资产负债率、净资产数额、销售收入等情况，应采用审慎操作、循序渐进、不失时机、积极进取的原则。

准入客户选择经营规模较大、市场份额较高、有成熟的销售网络、管理水平高和商誉良好的采购商。对于一些风险较高，纯粹依赖银行贷款运转的采购商，要及时采取退出机制；对有些经营不善，并存在诈骗等经济纠纷的情况，应动用一切手段，及早介入，采取行政手段和法律手段催收，最大限度地减少资产损失，既能保证银行及时收回贷款，又能避免厂商回购的风险。

（2）加强质押物的控制及管理，质押物的选择。质押物的选择直接关系着物流金融业务所面临的风险的大小。一般而言，通常会选择那些价格起伏不是很大的商品，例如，金属等，以保证质押物能够在市场上以稳定的价格畅销。另外，考虑到国内外的经济形势，稀缺性物资往往由于与国民经济息息相关，且价格稳定性较强，而备受物流金融业务的钟爱。同时，那些使用范围较大，处置起来比较方便，物流质量稳定、不容易变质的商品也是作为质押物的理想商品。各种原材料由于其稳定的市场需求，也是可以作为质押物开展物流金融业务的。

随着物流金融业务的逐渐发展，各参与主体的经验和技术都达到了较为成熟的阶段，质押物的品种也越来越多，如，建材、食品、汽车等商品作为质押物，也逐渐为物流金融各参与主体所接受。

质押物仓储风险的防范措施。第三方物流企业先要对自身硬件设施进行一定程度的改善。为了给质押物提供良好的存储条件，物流企业的仓库一定要符合标准的规模。仓库中的专业设备要符合一定的标准，以防范在仓库内进行位移时产生不必要的风险。在质押物仓储期间，必须要严格按照规章制度进行操作。质押物入库时，需要合理规范、严格控制凭证的检验。仓单的领取、批准和发放都要进行登记，由专人负责。质押物在出库时，必须要对印鉴进行认真核对，并和货主、提货人及银行保持密切联系，以便随时沟通。

质押物投保。一般而言，在实际操作过程中，银行通常会要求融资企业对质押物进行投保，以防止质押物在业务期间发生非人为的意外而造成大规模的损失。为质押物购买保险，往往是防止质押物风险损失最有效的措施。

（3）加强信息管理。对采购商的总体运营系统情况进行调查，关键是“人及行为的调查”。通过对企业高管、董事会成员素质的评估，实地掌握法人代表（或实际控制人）及主要管理者的学历、家庭背景、个人品德、经营能力、管理观念等情况，了解高级管理人员的家族关系，了解采购商集团客户经营的不良记录。加强与法人代表联系、沟通，建立定期约见制度。随时掌握经销动态，这对供应商和银行都是必要的。另外，还要特别加强对其应收账款、其他应付款、长期投资、投资收益、预付款项等关联科目进行核实，对重要数据要核实总账、查明细账，查看原始凭证是否与实物相符。采取突访、暗访、回访等形式加大现场检查力度和检查频率，实施对存货盘点、会计凭证和大额应收账款函证的检查，加强对质押物跟踪监控，密切关注其价值波动情况，减少非法转移、变卖、灭损的可能性。为防止采购商与会计师事务所串通，债权人可指定认可的会计师事务所对财务报表进行审计。注意采购商资金流向，进一步监控资金用途，加强对采购商还款能力的预测和判断，防止资金被挪用或“体外循环”。发现情况，及时调整授信政策和授信控制总量。

（4）加强授信业务人员队伍建设。在保兑仓模式中，融资需要针对某一行业，而各行都具有其自身的技术性，对该行业产品进行融资，需要专业知识、管理经验丰富的专业人员队伍。为确保授信业务人员队伍的合理需求，在充实基层授信业务人员的基础上，应建立专业授信业务人员资格上岗制度，加强授信业务人员的思想教育和业务培训，培养一支思想健康、爱岗敬业、勇于进取、业务精良的授信业务人员队伍。建议在银行同业中建立相关行业采购商违约状况预警机制，设置违约率最高控制限定，对超过违约上限的采购商采取措施予以制裁，动员银行业的力量共同防御、控制授信风险。

9.3　担保提货融资模式

9.3.1　担保提货融资业务的含义

担保提货融资业务是在供应商与下游采购商买卖关系的基础上，下游企业先缴纳一定比例的保证金后，银行向下游企业开出银行承兑汇票，并用于支付供应商预付款，供应商进行担保并承诺（退还差额购货款责任）的一种融资方式。下游采购商出具全额提单向银行出质，之后，下游采购商分批次向银行支付保证金，银行分批次通知供应商向下游采购商发货的授信业务。

在担保提货融资业务中，银行控制商品（或商品提货权或仓单），在采购商缴存相应保证金后，银行释放商品（或商品提货权或仓单）。银行根据下游企业的保证金签发等额的提货通知单，供应商根据提货通知单向下游采购发货，下游采购销货后继续向银行存入保证金，银行再签发提货通知单，供应商再根据提货通知单向下游企业发货，如此循环操作。当授信到期时，如果银行出具的提货通知单总金额小于到期贷款金额，则供应商对该差额部分以及由于逾期产生的逾期利息、罚息承担连带保证责任，并承担该差额部分及产生款项的退款。

9.3.2　担保提货融资业务的优势及流程

担保提货融资的核心要点在于，下游采购商的销售能力和供应商的担保能力，该模式特别适用于下游采购商在销售淡季向供应商支付预付款，以此锁定优惠价格的情形，也特别适用于下游采购商一次性付款以获取较大折扣的情形。

1. 业务优势

（1）不占用下游采购商的库存，而且有利于下游企业实施“淡季打款，旺季销售”的模式。

（2）有利于供应商取得预收款，并锁定未来的销售。

（3）有利于银行将供应商与货物监管方合二为一，简化管理程序，降低风险。

2. 业务流程

担保提货融资业务流程，见图9－2。

（1）供应商、采购商签订购销合同。

（2）采购商向银行存入一定金额的保证金。

（3）银行开立以供应商为收款人的银行承兑汇票，用于支付货款。

（4）供应商向银行出具提货单用于质押。

（5）采购商根据经营需要，不断向银行追加保证金进行还

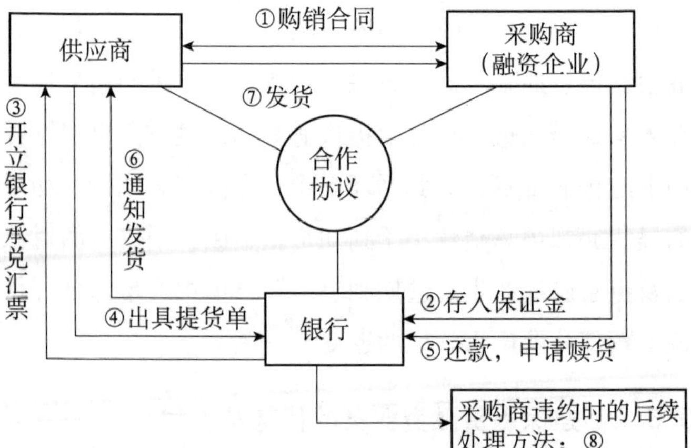

图9－2 担保提货融资业务流程

款，并申请赎货。

（6）银行根据采购商追加的保证金通知供应商发货。

（7）供应商根据银行通知向采购商发货。

采购商违约时的后续处理方法：

（8）若银行承兑汇票到期时，采购商未足额提货，供应商负责向银行退还累计发货金额低于银行承兑汇票金额部分的差额。

9.3.3　担保提货融资业务风险防范

1. 法律风险

保兑仓业务涉及三个层面的法律关系，即供应商与采购商的买卖合同关系、采购商与金融机构的融资合同关系、供应商与金融机构的担保关系。由于法律关系复杂，目前司法机构对保兑仓业务纠纷没有一个明确的裁判标准。在现行模式下，如果借款关系发生纠纷，则一般按照借款合同的规定处理，仓储合同的纠纷则按照仓储合同规定处理。在现实中，一些供应商为了规避自身责任，有可能在合同中约定免责条款，从而规避回购责任和保证责任。通过一些经典诉讼案例会发现，案件聚焦的焦点往往在于供应商是否违反三方协议约定，在没有收到银行《发货通知书》并办理发货手续，就向买方发货以及如何公正分配各方审查义务与收益。因此，为防范此类风险，一来银行应该加强合同管理；二来在贷后管理环节应该提高管理技术，应加强对协议项下商品的总量管理、保证金浮动管理和逐笔账实管理；建立保兑仓业务台账管理制度，按卖方、买方、品种、规格、型号、数量等要素建立该笔授信项下的业务台账，并做到及时更新。

2. 套现风险

因为信息不对称，银行对于购买方和卖方信息把握不准确，可能被诱导，如果供应商与采购商恶意串通套取票据额度，将产生不清偿差额的风险。因此，在授信审查环节，应该加强准入门槛的把握，对购销双方的实力进行综合评判。

3. 合同约定风险

供应商为了避免承担责任，有可能在合同中约定免责条款，从而规避回购责任和保证责任。如果银行在开展业务时，能够明确约定供应商在采购商到期不能给付的情况下无条件支付，就可避免自身的经济损失。所以，银行先要和供应商签订回购协议，以对货物提供回购，进行担保。同时，应该完善整体授信方案，加强相应的担保措施。

4. 资信风险

在保兑仓业务开展中，未要求提供物权担保，而是寄希望于供应商在交易流程中与银行的配合。因此，选择适合的供应商尤为重要，在业务办理中银行应对供应商的信誉、经济实力进行重点评估。

复习思考题

1. 预付账款的功能。
2. 保兑仓业务的优势。
3. 担保提货融资模式的风险管理。

第 10 章

新兴信息技术在物流金融领域的应用

10.1 新兴信息技术及应用

在中国互联网快速发展与应用的背景下，企业触网进行转型发展的步伐日益加快。如何以成熟的互联网为基础，推进企业的创新驱动和技术赋能成为战略重点。物流金融作为产融结合与产融协同的新模式，一方面，解决了供应链资产端的融资问题；另一方面，解决了资金端的资金投放问题，有效地实现了产融协同、降本增效、风险控制。

在企业普遍性触网的运营下，物流金融向在线化、平台化、智慧化和生态化方向发展，强调商流、物流、信息流和资金流的合一和协同，更加强调技术赋能物流金融的发展。从物流金融行业目前的应用和发展实践看，正在研发和应用于物流金融的技术主要包括：人工智能、区块链、大数据和云计算、物联网。

10.1.1 人工智能技术及其在物流金融领域的应用

人工智能（artificial intelligence，AI）是集数门学科精华的前沿学科中的交叉学科。其研究目的是研发用于模拟、延伸和扩展人的智慧和能力的理论、方法、技术及应用系统。与人工智能相关性最高的三门学科是计算机科学、数学和逻辑学。

与传统融资模式相比，物流金融的融资模式具有更强的融资优势。依据对融资企业的智能供应链环节中上下游企业“产供销”链条的稳固和流转顺畅度等数据的挖掘和分析，不仅提升了供应链的效率和竞争力，更可以为企业解决融资问题。创新型企业组织正在应用人工智能和机器学习处理大量供应链数据，以实现企业供应链管理的优化。将 AI 应用于物流金融，需要关注以下几个问题。

（1）明确需要解决的特定问题。供应链包含了从计划到生产、包装、仓储、分销和物流等多个过程，物流金融依据特定供应链环节设计产品和风险控制，相应地需要特定的 AI 项目。例如，我们能依托供应链，规划采购贷、订单贷、应收贷等多种供应链金融产品的额度和利率，我们也可以依据供应链设计基于 AI 技术的风险控制模型。

（2）具备大数据基础。人工智能应用于物流金融的基础条件，是拥有充足的数据。我们可以从企业的不同系统（ERP、MRP、CRM 和其他系统）中提取数据，也可以从外部获得互联网上的数据，或者政府对于企业的监管数据。在理想状态下，这些数据集之间最好具有时间框架一致性。如果有某个企业超过半年的原材料数据、库存数据和销售数据等，AI 应用于物流金融将更有意义。

（3）选择一个熟悉物流的技术伙伴。人工智能应用于物流金融是个创新领域，对于有志于将该技术应用于业务领域的公司而言，选择一个熟悉物流业务的技术服务公司至关重要。从目前物流金融发展的实践看，企业迫切需要一个数据科学团队使用 AI，需要具有物流领域专业知识的人规划 AI 环境、设计 AI 应用物流金融的各类模型与算法等。

人工智能技术应用于物流金融是从事该项业务的公司的必然选择，虽然有些公司目前还不具备很好的应用条件，但也要充分重视人工智能技术。随着公司物流金融业务的开展，人工智能技术将带来巨大红利。

10.1.2　区块链技术及其在物流金融领域的应用

区块链（BC）提供了一个可信赖的记录系统，可以解决物流的三个痛点：数据可视化、流程优化和需求管理。区块链应实现跨供应链层级的金融合作，所有参与方都可以通过分布式账本对整个供应链的流程有清晰的认识。物流金融的每一个参与方都是点对点网络中的一员，网络不存在单点故障，整个网络都可用。各方可以降低人力成本、操作风险和系统性风险。基于区块链技术的特点，其在各行业领域供应链金融发展中的应用模式表现在以下几方面。

（1）区块链应用于预付款融资模式。企业向金融机构申请融资用于向供应商采购，其中最经典的模式是保兑仓模式。此时，区块链技术需要侧重的关键点在于如何确保下游企业贸易的真实性、融资用途不被改变等，常用的方法是通过引入第三方监管企业（一般是物流企业）对货物进行监管。

（2）区块链应用于应收账款模式。采购商的上游供应商以应收账款的转让或者质押进行融资，包括明保理、暗保理等。区块链技术侧重的关键点，是贸易背景的真实性以及应收账款的回款信息等。贸易的真实性是整个融资业务的基础，回款信息是融资风险控制的保障。

（3）区块链应用于存货质押融资模式。由第三方监管公司负责货物监管、货价评估以及货物发放等，在一定程度上借鉴监管公司给出的货价评估后，金融机构发放贷款。中小融资企业用运营所得还贷，如果中小融资企业丧失还款能力，也可以提前与供应商签购销协议，通过供应商的回收来解决货物的处理问题。区块链技术的侧重点在于，第三方监管公司的货物评估与监管信息、中小企业的资金信息等。

10.1.3 物联网技术及其在物流金融领域的应用

“物联网技术＋物流金融”模式通过全球定位系统（GPS）、生物识别等手段，对动态目标和静态目标进行识别、定位、跟踪、监控等系统化、智能化管理，然后进行数据汇总并分析，使客户、监管方和银行等各方参与者均可以从时间、空间两个维度，全面感知并监督动产存续的状态和发生的变化，进行风险监控和市场预测。

物联网的技术特点及其在物流金融领域的应用，一方面，有效地控制了物流金融风险；另一方面，获得各类数据信息，反向协同进行风险控制，其应用主要体现在以下两方面。

（1）物联网应用于静态存货质押模式。借助物联网技术对存货质押、仓单质押、融通仓等服务的进一步提升，实现融资过程中监管服务的网络化、可视化、智能化，实现对存货质押融资数据的有效获取和风险的有效控制。

（2）物联网应用于动态存货质押融资。该模式主要针对运输过程中的货物进行监管、监控，从而完成货物在送达客户过程中的融资，并提供如，集成加油、运费、保险等服务，可实现庞大客户群的团购，使得货运出行服务费用得到较大幅度的优惠。

10.1.4 大数据技术及其在物流金融领域的应用

国务院《促进大数据发展行动纲要》将大数据定位为“新一代信息技术和服务业态”，赋予大数据“推动经济转型发展”“重塑国家竞争优势”“提升政府治理能力”的战略功能，并将数据界定为“国家基础性战略资源”。大数据在物流金融中正在得到应用，需要关注以下几个问题。

（1）数据来源。一是通过互联网获取数据，在互联网逐步普及、应用的今天，我们可以通过互联网获得各类数据，如通过各类搜索、社交、媒体、交易等各核心业务领域获取数据。二是通过物联网获取数据。随着物联网在各个领域的应用，物联网大数据来源与日俱增。三是通过企业自身的经营积累数据。企业在运营过程中产生了大量数据，但企业在这方面的数据积累不足，特别是在供应链上的数据积累和挖掘不足，造成数据价值没有得到充分体现。四是通过政府部门获得监管数据。这类数据质量好、价值高，但开放程度低。《促进大数据发展行动纲要》把公共数据互联开放共享作为努力方向，实际上，长期以来政府部门间信息数据相对封闭，面向社会的公共数据开放还有一个过程。通过各种渠道获得的数据要特别关注：数据的数量；数据的质量；数据的合法性；数据的合规性。

（2）数据处理。大数据只是一种手段，关键要善于通过数据的处理解决问题。大数据主要有以下几种较为常用的功能。

追溯功能。通过大数据可以追踪、追溯各种记录，形成真实的历史轨迹，从而触发在各个领域的应用。如客户购买行为、购买偏好、支付手段、搜索历史、浏览历史及位置信息等。

识别功能。在对各种因素全面追溯的基础上，通过比对、筛选，可以实现精准识别，尤其是对语音、图像、视频进行识别，使可分析内容大大丰富，得到的结果更为精准。

画像功能。通过对同一主体不同数据源的追溯、识别，形成立体的刻画和更全面的认识。对客户画像，可以精准推送广告、产品，准确判断信用及风险等。

预警功能。在历史轨迹、识别和画像的基础上，对未来趋势及重复出现的可能性进行预测，当某些指标出现预期变化或超预期变化时给予预警。

匹配功能。在大量信息中精准追踪和识别，利用相关性、接近性等进行筛选比对，更有效地实现供需匹配。

通过大数据应用解决中小企业融资难问题，可以看作通过识别、画像对优质中小企业进行精准筛选、界定，找准优质中小企业；通过追溯、预警，可以对贷款资金、贷后管理等进行监控和评估；通过匹配和优化，更好地实现资金的最优化配置使用。

（3）数据价值。不创造价值的大数据应用不是好应用。大数据应用于物流金融的效果，在于是否提升了能力、改善了绩效。如金融机构、物流金融服务企业的风险控制能力、盈利能力、获客能力等；融资企业融资的可得性、成本及便利性等。随着物流金融在线化、平台化和智慧化发展趋势，重视大数据、应用大数据是物流金融生态圈中各方的必然选择。

10.1.5 云计算技术及其在供应链金融领域的应用

云计算是分布式计算、并行计算、网络存储、虚拟化等传统计算机技术和网络技术发展融合的产物。云计算有三种类型。

（1）软件级服务，用户只是租用具体的应用程序和数据库来满足自身需求，不能控制云中的操作系统、硬件设施和框架设施等。

（2）平台级服务，用户除了使用服务器之外，还包括服务器上系统软件的租用，不能控制云中的操作系统和操作框架等。

（3）基础级服务，用户根据实际情况，需要租用尽可能多的服务器，通过服务器的使用获得需求满足，可以更改并控制云操作系统，根据情况进行调整。

云计算技术已经进入成熟期，金融云的应用也正在向更加核心、关键的“深水区”迈进。调研资料显示，已有过半数的金融机构使用开源云计算技术 Open Stack 等。云计算技术为金融机构提供了统一平台，有效地整合金融机构的信息系统，消除信息孤岛，在充分考虑信息安全、监管合规、数据隔离和中立性等要求的情况下，为机构处理突发业务需求、实现业务创新、改革提供有力支持。近年来，云计算在众多企业得到了很好的应用。

（1）云物联，即应用云计算技术使物联网中数以兆计的各类物品的实时动态管理、智能分析变为可能。

（2）云存储，是通过集群应用、网格技术或分布式文件系统等功能，将网络中各种不同类型的存储设备通过应用软件集合起来协同工作，共同对外提供数据存储和业务访问功能的系统。

（3）云安全，是通过网状的大量客户端对网络中软件行为的异常监测，获取互联网中木马、恶意程序的最新信息，推送到服务器端进行自动分析和自动处理，再把病毒和木马的解决方案分发到每一个客户端。

（4）云计算，近年来，许多大型的互联网技术提供商提出了金融云的概念，即利用云计算的运算、服务优势，将金融业的数据、客户、流程、服务及价值通过数据中心、客户端等技术手段分散到“云”中，以改善系统体验，提升运算能力、重组数据价值，为客户提供更高水平的金融服务，同时达到降低运行成本的目的。

人工智能、区块链、物联网、大数据和云计算等新兴技术并非彼此孤立，而是相辅相成、相互促进的。大数据是基础资源，云计算是基础设施，人工智能依托于云计算和大数据进行智能管控，区块链实现分布式记账，物联网实现物物互联，动态获取数据。从发展趋势看，上述各项技术在商业实践领域的应用会更加紧密，技术边界在不断削弱，新一代信息技术的发展正在形成融合生态，并推动物流金融发展进入新阶段。

10.2 物流金融信息技术环境

对于企业组织来说，信息技术主要是指，用于管理、处理信息所采用的各种技术因素。物流金融使传统的个体信用评估转变为群态决策的过程，对原有的信息技术提出了挑战。其中，最主要的是群态化信息运营平台的建设，即涉及银行、物流企业以及整个供应链上各个参与方之间的信息的协调互通以及信息的实时传输，以便各方掌握最新的动态进行决策的新型信息系统。

10.2.1 物流金融信息技术环境现状

（1）传统的信贷评估模式面临挑战。银行的传统信息评估模式已不能适应当前的物流金融发展。过去，银行对中小企业融资风险的认识和控制集中于单独考察该企业的资信状况，而物流金融业务发展将由中小企业向供应链全过程发展。这就需要发挥群态运营信息化平台的作用。群态运营信息化平台要求银行考虑整个供应链运作的大环境，由静态的信贷指标转向动态的价值跟踪，实时掌握质押品的状态以及变动情况。

（2）物流企业角色被动。在现有物流金融业务开展中，物流企业往往是被动参与的角色，作用有限，价值无法得到呈现。很多时候，物流企业只是受银行委托，提供对商品（质押物、抵押物）的简单保管、记录。由于受委托的物流企业并不参与资金需求方供应链的整体管理、运作，不介入融资企业和银行之间的具体协议，只是作为单独的一环，为双方的借贷款提供货品保管。对真实贸易背景信息也并不了解，而且商品管理难度大，贸易背景复杂，就使得物流监管力不从心，无法发挥应有的作用。这样，也使融资风险和融资成本无形中提高。

（3）多方利益未能协调。虽然目前各大银行、物流企业都在加快推进信息平台的建设，然而由于信息平台（尤其是群态运营信息化平台）的建设涉及多方主体，各方认知程度存在差别，对于信息化建设的合作意愿不能达成一致，延缓了群态运营信息化平台的建设步伐。以物流管理中目前所采用的无线射频技术（RFID）为例，采用 RFID 技术能够实现自动化出入库记录操作，实现自动化监控以及产品追踪追溯，提升各方效益。然而，供应链下游企业对于采用 RFID 技术却存在“搭便车”的心理，一旦上游企业决定投资，下游企业只需付出较低成本就能坐享收益。对于上游企业而言，虽然 RFID 技术可以使其获益，但是上游企业并不能独享全部收益，下游企业的“免费乘车者”身份会削弱上游企业投资的积极性。除此之外，供应链上的各企业可能出于对自身财务安全的考虑，不愿意共享信息。种种原因都导致了物流金融生态运营信息化平台建设迟缓。计算机技术和网络通信技术的迅速发展，服务产品可以实现生产与消费的分离，这使服务的跨地区提供成为可能。物流金融追求物流、信息流与资金流三者相结合。信息流贯穿于物流金融服务的始终，是其他各项活动顺利开展的基础。

10.2.2　物流金融群态运营信息化平台

（1）选择建设物流金融服务信息平台的层次，逐步推进。一般认为，信息技术平台可以分为四个层次：交易支持、内部网系统、外部网系统、基于互联网的信息系统。随着物流信息技术的发展，还将出现第五个层次——基于物联网的信息系统。尽管群态运营信息化平台建设的最终目标是实现互联互通，连接银行、物流企业、融资企业以及供应链各个环节的动态信息系统，然而，在具体操作中需要根据实际情况选择适合的层次；交易支持层次信息平台只负责为物流金融活动提供准确、可靠的某项决策信息，并不考虑系统整体决策最优；内部网系统层次则考虑物流企业和银行组织部门之间的协同；外部网系统层次则纳入了融资企业及其生产运作供应链伙伴；互联网层次更加开放，可以使所有来自供应链参与主体的信息同步化；最后，是物联网系统层次，此层次在互联网系统层次的前提下，结合先进的物流信息技术（如射频识别技术、电子数据交换技术、全球定位系统等），使物与物、物与企业、企业与企业之间实现全面互联互通。

（2）根据所选层次，搭建信息互换桥梁。目前，大多数商业银行的信息平台停留在内部网水平。在当前分业经营的环境下，要进一步建设物流金融服务的群态运营信息化平台，需要物流企业和银行开展密切合作。首先，商业银行将其掌握的客户资信情况、历史借贷记录等信息和物流企业的客户资产管理信息、交易记录等情况在保障数据安全的情况下，实现共享互通，才能全面评估每项物流金融业务的具体风险情况，将信息平台建设和防范物流金融业务中的信用风险、市场风险、操作风险以及法律风险相结合。其次，全面获取供应链各环节的动态信息。要做到动态监管，还需要在银行和物流企业搭建信息交互平台的基础上，获取融资企业所在整个供应链的运营情况信息，并进行实时动态更新，交换订单、运单、发票等有效信息，集成“价值信息+供应链信用”，形成整个供应链上的综合集成信息管理，实现商流、物流、资金流、信息流的有效融合和最佳调配。

（3）做好保障工作，协调利益分配机制；多方参与，实现利益共享。群态运营信息化平台的顺利运营，不仅需要银行和物流企业的合作、融资企业甚至互联网信息化专业机构的参与，更需要各方都打破隔阂和成见，设计有效的激励机制和利益分配机制，深化合作，共同发展。在设计时，要适当增强其应对外界干扰的柔性，还需要详细了解各方的关注焦点，如客户会员需要平台为其保守商业机密资料，同时对信息平台的运营进行监督。而银行和物流企业则希望客户能够协助为信息平台的顺利运行而开展的调研活动或其他活动等，这些都需要在信息系统运作时对其进行定期评估，及时了解各方反馈意见，进行改进。如果必要的话，为推进群态运营信息化平台的建设，还可以采取政府补贴或者政策导向的方式，鼓励群态运营信息化平台的建设。各方凝聚合力，发挥协同效应，共同推动物流与供应链金融服务的创新与发展。

复习思考题

1. 人工智能技术在物流金融中的应用。
2. 区块链技术在物流金融中的应用。
3. 大数据技术在物流金融中的应用。
4. 物联网技术在物流金融中的应用。

参考文献

[1] 李向文，冯茹梅．物流与供应链金融［M］．北京：北京大学出版社，2012.

[2] 李毅学．物流与供应链金融创新——存货质押融资风险管理［M］．北京：科学出版社，2010.

[3] 李金龙等．供应链金融理论与实务［M］．北京：人民交通出版社，2011.

[4] 周利国等．物流与供应链金融［M］．北京：清华大学出版社，2016.

[5] 王阳军等．物流金融业务操作与管理［M］．西安：西安交通大学出版社，2017.

[6] 颜浩龙等．物流与供应链金融研究［M］．北京：国家行政学院出版社，2016.

[7] 冯耕中，何娟，李毅学，汪寿阳．物流金融创新：运作与管理［M］．北京：科学出版社，2014.

[8] 李毅学，汪寿阳，冯耕中．一个新的学科方向——物流金融的实践发展与理论综述［J］．系统工程理论与实践，2010（1）：3－15.

[9] 李毅学，徐渝，冯耕中．国内外物流金融业务比较分析及案例研究［J］．管理评论，2007，19（10）：55－62.

[10] 胡愈，柳思维．物流金融及其运作问题讨论综述

[J]. 经济理论与经济管理，2008 (2)：75 -79.

[11] 胡愈，柳思维. 物流金融及其运作问题讨论综述 [J]. 经济理论与经济管理，2008 (2)：75 -79.

[12] 夏露等. 物流金融 [M]. 北京：科学出版社，2008.

[13] 胡鸿雁. 物流金融下的融资与生产运作研究 [D]. 北京交通大学，2015.

[14] 何娟，冯耕中. 物流金融理论与实务 [M]. 北京：清华大学出版社，2014.

[15] 徐文哲. 基于协同发展的物流金融盈利模式研究 [D]. 北京交通大学，2014.

[16] 林沧海. 双重委托代理下物流金融服务创新及其激励机制研究 [D]. 南开大学，2012.

[17] 张璟. 授信融资下物流金融的运营和风险管理问题研究 [D]. 南京航空航天大学，2011.

[18] 王子良. 商业银行创新物流金融服务的发展策略研究 [D]. 东北师范大学，2010.

[19] 深圳发展银行，中欧国际工商学院. “供应链金融课题组供应链金融——新经济下的新金融 [M]. 上海：上海远东出版社，2009.

[20] Besanko D.，Thakor A. V. Collateral and rationing：sorting equilibria in monopolistic and competitive credit markets [J]. International Economic Review，1987：671 -689.

[21] Juan H.，Xianglin J. and Jian W. et al. VaR methods for the dynamic impawn rate of steel in inventory financing under autocorrelative return [J]. European Journal of Operational Research，2012，223 (1)：106 -115.

[22] Raghavan N. R. S.，Mishra V. K. Short-term financing in a cash-constrained supply chain [J]. International Journal of Produc-

tion Economics, 2011, 134 (2): 407-412.

[23] Chen X., Cai G. G. Joint logistics and financial services by a 3PL firm [J]. European Journal of Operational Research, 2011, 214 (3): 579-587.

[24] Lee C. H., Rhee B. D. Coordination contracts in the presence of positive inventory financing costs [J]. International Journal of Production Economics, 2010, 124 (2): 331-339.

[25] Rockafellar R. T., Uryasev S. Conditional value-at-risk for general loss distributions [J]. Journal of banking & finance, 2002, 26 (7): 1443-1471.